Jo Dick
Öcher Spröchwöed

Für Ruth

Jo Dick

Au Öcher Spröch, jesöömelt än opjeschreäve
Rümselchere
Au Stadtzeechnunge
Än va
Jampetatsche

Impressum:

© 2008 by Jo Dick

Druck- & Verlagshaus MAINZ GmbH
Süsterfeldstraße 83
D-52072 Aachen

Internet: *http://www.verlag-mainz.de*

Satz und Gestaltung: Jo Dick

Druck Druck- & Verlagshaus MAINZ GmbH
Süsterfeldstraße 83
D-52072 Aachen

ISBN 10   3-8107-0033-9
ISBN 13   978-3-8107-0033-9

Grußwort des Oberbürgermeisters

„Man hat die Sprache das Herz des Volks und die Sprichwörter die Adern genannt, die das Blut nach allen Theilen des Körpers leiten" – mit diesem heute ältlich-romantisch klingenden Satz versuchte schon im Jahre 1842 der deutsche Publizist und Politiker Jakob Venedey den besonderen Charakter von Sprichwörtern zu umschreiben. In der Tat sind sie bis heute sprachliches Gemeingut geblieben, das von Generation zu Generation weitergegeben wird.

Sprichwörter sind keine belanglosen Redensarten und keine hochgeistigen Dichterzitate, sondern geschichtsgespeiste Lebenserfahrungen. Zurecht hat der spanische Schriftsteller Miguel de Cervantes einmal definiert: „Ein Sprichwort ist ein kurzer Satz, der sich auf lange Erfahrung gründet."

Sprichwörter sind Kurzformen der Weisheit, in ihren treffenden Metaphern und blumigen Ausdruckweisen vermögen sie besser Orientierung für das Gelingen des Lebens zu geben, als viele seitenlange Abhandlungen. Stenogrammartig konservieren sie Erlebnis und Erlittenes, in ihnen ist nicht Fakten- sondern Orientierungswissen früherer Generationen geronnen.

Jedes Land, jede Region sogar, hat ihre Sprichwörter, die zur unverwechselbaren Identität hinzu gehören und ein Gefühl von Zusammengehörigkeit geben.

Ich freue mich, dass dieses Buch in unserer Muttersprache geschrieben ist, dass Jo Dick auf Öcher Platt unsere Sprichwörter und Geschichten erzählt, unsere Originale darstellt und unsere Stadt zeigt. Denn Öcher Platt ist eine Sprache, die nicht nur dann zum Einsatz kommen sollte, wenn es lustig wird. Öcher Platt ist eine bunte Sprache mit einem einzigartigen Vokabular, mit treffenden Metaphern, voller Doppelsinnigkeiten und Reichtum im Ausdruck. Es ist eine Sprache, auf der man alles sagen kann, was es im Leben zu sagen gibt – nicht selten sogar besser.

Diese Sammlung bringt in herausragender Weise den Reichtum der Öcher Sprichwörter zum Vorschein und stellt so einen ganz besonderen Spachschatz dar. So zeigt sich mit diesem Band wieder einmal, was Jupp Frohn schon vor Jahrzehnten im Gedicht festhielt:

„Os Sproech, die es onendlich riich, met hör labendig Weäse, es ene Schatz, döm jenge jliich! Wat Meäst're hant beweäse".

Merci för et Schrieve än Sammele an Jo Dick än Üch vööl Pläsir bej et leäse en dat schönn Boch.

Dr. Jürgen Linden
Oberbürgermeister der Stadt Aachen

Vorwort

Vor mehr als 25 Jahren habe ich erkannt, wie viele schöne, alte Aachener Sprüche es gibt und begann sie zu sammeln. Viele waren mir noch im Gedächtnis, weil ich sie in meiner Kindheit gehört hatte.

Vor etwa 5 Jahren fing ich dann an, intensiv zu sammeln und zu ordnen. Im Jahr 1979 bekam ich von Dures Hansen eine große Sammlung Federzeichnungen von Denkmälern, Brunnen, Kirchen und alten Hausfassaden.

Ich hatte schon einige Gedichte in Öcher Platt geschrieben und von Otto Mennicken erhielt ich viele Zeichnungen von Aachener Originalen, die er damals für Orden des Sozialamtes angefertigt hatte und so reifte der Entschluss, daraus ein Buch zu machen.

Das alles ergab einen schönen Mix über Aachener Leben und Sprachkultur und es entstand das vorliegende Buch.

Es hat viel Recherche und Arbeit gekostet, aber es hat auch viel Freude gemacht, denn es war teilweise wie eine Reise in unbekannte Regionen, wo es vieles zu erkunden und zu entdecken gab.

Ich wünsche viel Spaß beim Lesen.

Jo Dick

Aachener Dom

Das Öcher Platt

Seit die Kelten sich im Aachener Raum niederließen und die Römer den Ort Aquisgrana nannten, haben unzählige Heilungsuchende aus aller Welt Aachen wegen der heißen Quellen aufgesucht.

Dadurch wurde die Aachener Bevölkerung mit so vielen verschiedenen Fremdsprachen konfrontiert, dass für den Öcher ein Sprachenwirrwarr entstand, aus dem er die für ihn interessanten und wichtigen Wörter herauspickte. In seiner unnachahmlichen Selbstsicherheit, versuchte er natürlich nicht, die Ausdrücke in der Originalsprache wieder zu geben, sondern benutzte fortan seine eigene, nämlich die Öcher Ausdrucksweise.

Dabei ist seine Vorliebe für die romanischen Sprachen klar erkennbar, die im Lateinischen und Französischen zu finden sind, aber ebenso im Niederländischen. Er hat von allem etwas übernommen und so entdeckt man im Öcher Platt über 30 verschiedene Sprach-Idiome.

In einem der Gedichte geht es um den berühmt berüchtigten Geruch des Aachener Brunnenwassers. Es taucht der Begriff „Krippekratz" auf, womit der Teufel gemeint ist, vor dem der „Öcher" weder Angst noch Respekt hat.

Aachener Sprüche und Sprichwörter

Die Sprüche und Sprichwörter sind vielfach in Vergessenheit geraten und deshalb auch nicht mehr so in Gebrauch. Sie sind es jedoch wert wieder bekannt zu werden und sie müssen uns erhalten bleiben.

Aus diesem Grund habe ich sie gesammelt, wo immer ich sie fand oder hörte. Es waren viele, die mir geholfen haben, mit Sprüchen, die noch in irgendeiner Gedächtnisecke haften geblieben waren. Viele fand ich auch in dem Buch „Aachener Sprachschatz" von Will Hermanns. So kam dann mit der Zeit eine beachtliche Sammlung zusammen.

In den Sprüchen liegt manchmal ein tiefer Sinn, aber man muss sich auch damit auseinander setzen, dass sie oft sehr deftig und derb sein können. Sie sind nichts für besonders empfindsame Gemüter, da die so genannte Fäkalsprache nicht immer ganz draußen blieb. Aber dafür kann man es nicht verschweigen, weil es eben mit zum alten Sprachgebrauch gehört

Öcher Spröchwöed

Et deät wiej ze sieh, wie de Kenk aavständig weäde
Es schmerzt zu sehen, wie die Kinder abständig werden (ein lustiger Spruch, von alten Eltern, die sagen wollen, wir sind noch sehr rüstig)

Woe ose Herrjott net kloer könt, doe scheckt heä e out Wief hen
Wo unser Herrgott nicht mehr klar kommt, da schickt er ein altes Weib hin

Wenn d'r Düvel net selevs komme kann, da scheckt heä e out Wief
Wenn der Teufel nicht selber kommen kann, dann schickt er ein altes Weib

Wat hat dat jekost? Fennige, Bokseknöef woule se net
Was hat das gekostet? Pfennige, Hosenknöpfe wollten sie nicht, sinngemäß auf eine neugierige Frage, die man aber nicht beantworten will

Futt met d'r janze Pröll, ärem Lüh bruuche jenge Zierrot
Weg mit den ganzen Sachen, arme Leute brauchen keinen Zierrat

E dönn Böimche let sich beister böije, wie ene Decke
Ein dünner Baum lässt sich leichter biegen als ein dicker Baum

Me kann ouch met ene Riefkouch de Trapp öele
Man kann auch alles übertreiben

Me kann ouch en Flegg de Fott houe
Ebenfalls, man kann auch alles übertreiben

E nöischirije Nas well överall schnuffe
Ein neugieriger Mensch schnüffelt überall herum

Beschwier dich bei osen Herrjott, bei de Mensche kriss de suwiesu jeä Reäht
Beschwere dich bei Gott, bei den Menschen bekommst du sowieso kein Recht

Döm besiehn ich noch net mie met minge Hengeschte
Den besehe ich nicht einmal mehr mit meinem Hintern

E beßje scheäf es englisch
Ein bisschen schief ist englisch

Weä jetrout es, deä es noch lang net bejraave
Wer verheiratet ist, der ist noch lange nicht begraben

Wat för enge bestemmt es, dat kritte
Was für einen bestimmt ist, das bekommt er

Bletsche Hong bieße net
Hunde die bellen, beissen nicht

Heä bießt ene Pennig övver ieh heä em uusjett
Er beisst eher einen Pfennig über, ehe er ihn ausgibt

Die Ruute sönt blenk
Die Fensterscheiben sind verschmutzt

A döm hövvt jenge Honk e Beän
An den hebt kein Hund das Bein, er ist wertlos

Loss jenge fröndliche Foss en dinge Honderstall, örjens wann kritt heä Honger
Auch wenn ein Fuchs freundlich ist, lass ihn nicht in deinen Hühnerstall, denn irgendwann bekommt er Hunger

Verjriif Dich net an angermanns Frömmisch än angermanns Buusche
Vergreife dich nicht an den Frauen und das Geld anderer Leute

Wenn me wöß, dat me feil, da läät me sich doe
Wenn man wüsste, dass man fällt, würde man sich hinlegen

Wenn et Chreßkengche es jeboere, hant Äppel än Beäre der Schmaach verloere
Wenn Weihnachten ist, haben Äpfel und Birnen den Geschmack verloren

Jeä Wässerche es esu kloer, dat et sich net at ens müert
Kein Wasser ist so klar, dass es nicht schon mal trüb wird

Ene aue Bock hat ouch noch at ens jeär e jröng Blättche
Auch im Alter schaut man sich gerne noch nach jungen Mädchen um

Dreimoel ömjetrocke es esu jot, wie eämoel avjebrankt
Dreimal umgezogen ist so gut wie einmal abgebrannt

Heä jeäht de Schöp avkratze
Er will die Schaufel abkratzen, d.h. er geht beichten

Aajeboe Dengste sönd selde völ weät
Angebotene Dienste sind selten viel wert

Weä völ aafängt, brengt wenig feädig
Wer viel anfängt, bringt wenig fertig

Weä aafängt met Lüjje, hürt op met Bedrüjje
Wer anfängt zu lügen hört auf mit betrügen

Weä lüggt, deä bedrüggt
Wer lügt betrügt

Weä selvs bedrüggt, deä trout ouch angere net
Wer selber betrügt, der traut auch anderen nicht

Wat ene Heär aasteäht, dat jellt noch lang net för ene Kneäht
Der Herr hat mehr Rechte als ein Knecht

Deä well au Affe liehre Jesechter ze schnijje
Der will einem alten Fachmann etwas beibringen

Me sou ene aue Fuhrmann net et pietsche liere welle
Sagt das Gleiche aus, wie beim Affen

Alle Hölpe baate, saat der Wouf, än schlecket en Fleg eraav
In der Not frisst ein Wolf sogar Fliegen

Hüedste, der Köster hat sich opjehange
Hörst du, der Küster hat sich aufgehangen, er läutet die Glocken

Ene ärrme Mann beduere, dat maat heäm net satt, wat hölpt et betruere, döm deä nüüs hat?
Einen Armen nur zu bedauern, das macht ihn nicht satt, was hilft das Bedauern dem, der nichts hat?

Et jet ouch noch mänche Au, die jeär flüjje döng, wenn hör net de Flöjele jeschneä würe
Manche „Alte" möchte noch mal flügge sein, wenn ihr nicht die Flügel beschnitten wären

Beänt för der aue Börjermeäster, denn der nöije es ömmer schleähter
Betet lieber für den alten Bürgermeister, denn der neue ist immer schlimmer

Henger ene aue Boum es jot schulle
Hinter einem alten Baum kann man sich gut unterstellen

Aue Kloere, hält der Mann op Joehre
Hin und wieder einen Schnaps lässt einen Mann alt werden

Me liehrt noch iehder ene Eäsel et Sanctus senge, äls ene Mensch va sing Jeweähnde brenge
Eher lehrt man einem Esel das Sanktus zu singen, als das man einem Menschen seine Gewohnheiten abgewöhnt

Kleng Kenger treäne enge op de Ziehne, jrueße treäne op et Hatz
Kleine Kinder treten auf die Zehen, große treten auf das Herz

Dat es ze düer, doe möt Ür noch jet avlosse
Wenn gehandelt wird sagt man: "das ist zu teuer, da müssen Sie Rabatt geben"!

Eämoel jejevve, blivt jejevve – avjenomme es jestoehle – drei Kanne Bier, drei Kanne Blot – Kapellche Kapellche der Kopp av
Wörtlich : Einmal gegeben bleibt gegeben, wiederholen ist gestohlen, drei Kannen Bier, drei Kannen Blut, Kapellchen, Kapellchen, den Kopf ab. Sinngemäß : Einmal geschenkt bleibt geschenkt

Ene Avschlaag es jenge Duedschlaag
Ein Abschlag ist kein Torschlag (auf eine Bitte gibt es ein Ja oder ein Nein)

Der Fulleg schweäßt at, iehr heä aafaängt ze werke
Der Faule schwitzt schon bevor er anfängt zu arbeiten

Hau Dich a Jott, sätt Pastur aa d'r Daachdecker, deä van et Daach fällt. Deä sätt dorop: leckt mich am Aasch Pastur, ich hau mich ajjene Kandel.
Halte Dich an Gott, sagte der Pastor zum Dachdecker, der gerade vom Dach fiel. Darauf der Dachdecker zum Pastor : L.m.A. Herr Pastor, ich halte mich an der Dachrinne

Der Dued kloppt aa bei jedderenge, heä weäß Heär ov Beddelmann ze fenge
Der Tod kennt keinen Unterschied, er holt den Herren so wie den Bettelmann

För et sterve bruucht me sich net aazemelde
Zum Sterben braucht sich niemand anzumelden

Wenn me duet es, hat de Fott Fierovvend
Wenn man tot ist, hat auch der Hintern Feierabend

Der Mensch ajetiert met de Mull
So übersetzt der Aachener die Inschrift am Chem. Labor der Techn. Hochschule : MENS AGITAT MOLEM Übersetzung : DER GEIST BEWEGT DIE MATERIE

Ich jönt, datt alle Dag Sondaag wür, än meddsen en de Weich e kleng Kermesje
Ich wünsche mir, dass alle Tage Sonntag wäre, und mitten in der Woche eine kleine Kirmes

Kleng, reng än alleng, sue woehnt et sich et beiste
Klein, rein und allein, so wohnt es sich am besten

En jou Siil hat völ Kaußjänger aa der Dösch, ävvel jenge deä net eiße wöi
Ein guter Mensch hat viele hungrige Mäuler am Tisch, aber keinen, der nicht essen möchte

Uus anger Lü Leär es jot Reime schnijje
Aus der Haut anderer ist gut Riemen schneiden, sinngemäß : auf Kosten anderer läßt es sich gut leben

Dat es angere Tie wie Kaffie
Anderer Tee als Kaffee heißt soviel, es ist nicht so leicht, wie man es sich vorstellt

Eng Modder kann beister sövve Kenger ongerhaue, wie sövve Kenger eng Modder
Eine Mutter kann besser sieben Kinder unterhalten, als sieben Kinder eine Mutter

Dat kanns de dich a fönnef Fengere avzälle, dat es jelogen
Das kann man an fünf Fingern abzählen, das ist gelogen

Baakenger, die net braav sönt, der Buumann sich jau hooele könt
Kinder die nicht brav sind kommt der schwarze Mann holen

Wat hölept et, wenn de Kouh ene Emmer Melich jet, än em da ömstößt
Was hilft es, wenn eine Kuh einen Eimer Milch gibt und ihn dann umstößt

Döm jeäht de Mull, wie en Entefott
Der redet wie ein Wasserfall

Eä, zwei, drei, vier, wenn vür bröije hant vür Bier, wenn vür backe hant vür Bruet, wenn vür sterve sönt vür duet.
Eins, zwei, drei, vier, wenn wir brauen haben wir Bier, wenn wir backen haben wir Brot, wenn wir sterben sind wir tot

Woe e Bröijes steäht, ka jeä Backes jet weäde
Wo ein Brauhaus steht, kann kein Bäcker was werden. sinngemäß : wer trinkt isst nicht

Hei, weä kann de sövve Spröng,- hei weä kann se danze,- Backesmäddche kom bei mich,- än köns de net, da hooel ich dich, för met mich ze danze
Wer kann die sieben Sprünge (ein Tanz), wer kann sie tanzen, Bäckermädchen komm zu mir und kommst Du nicht, dann hol ich Dich, um mit mir zu tanzen

Dat paaßt op en Hoer, saat der Zemmermann, du hau heä de Balk ene hauve Foß ze kott jeschneä
Das passt auf ein Haar, sagte der Zimmermann und hatte den Balken einen halben Fuß zu kurz geschnitten

Zweimoel avjeschneä än noch ze kott
Zwei mal abgeschnitten und noch zu kurz, etwas widersinniges beschreiben

Heä hat jenge Boem ejjene Buuch
Er hat keinen Boden im Bauch. sinngemäß : er ist verfressen

Heä let jeng Kroddel op sie Hazz baschte
Er läßt keine Kröte auf seinem Herzen brüten, sinngemäß : er nimmt alles nicht so tragisch

Ouch wenn de enge e Stoof es än der angere mer blueß, weäde se doch zesame jrueß
Auch wenn das eine Kind in feinem Tuch und das andere nackt ist, so werden sie doch zusammen groß

Wo me schrabbe deäht, doe moß me ouch pecke
Wo man scharrt, da muss man auch picken, sinngemäß : wer A sagt der muss auch B sagen

Dat hat en Fott wie ene Karebenger
Die hat einen Hintern wie ein belgisches Kaltblut

Wenn Spetzbouf än Schelm sich strijje, da kritt ene iehrlije Mann si Peäd wier
Wenn Spitzbube und Schelm sich streiten, dann bekommt der ehrliche Mann sein Pferd wieder

Ze iesch jet jemaaht, än dann iesch noehjedaht, hat at mäniche Verdroß jebraht.
Zuerst etwas machen und dann erst nachdenken bringt manchen Verdruss

Der Jeldsack än der Beddelsack hange jeng honndert Joehr an eng Döör.
Der Geldbeutel und der Bettelsack hängen keine hundert Jahre an einer Tür

Beister me es ene klenge Heär, wie ene jrueße Kneäht
Besser man ist ein kleiner Herr, als ein großer Knecht

Da sall de Katz de Muus verwahre
Da soll die Katze die Maus behüten, sinngemäß : den Bock zum Gärtner machen

Wenn me der Monk jet aabeät, da nömmt heä ouch jet
Der Appetit kommt mit dem Essen

Weä jet verkloppe welt, deä moß jet aapriese
Wer etwas verkaufen will, der muss auch etwas anpreisen

Jedderenge et singt än mich et dubbelde
Jedem das Seine und mir das Doppelte

Völ Behäi, än wenig Jeld, dat meßfällt Jott än alle Welt
Viel Angeberei und wenig Geld, missfällt Gott und alle Welt

Deä kann nu en Feär opbloese
Der kann nun eine Feder aufblasen, er ist aus dem Gröbsten raus

Eje Bett ka mer nüüs verdenge
Wer im Bett liegen bleibt kann nichts verdienen

Weä sich si Bett jot maht, deä litt ouch jot
Wer sein Bett gut gemacht hat, der liegt auch gut

Dat es ene Reänpitt
das ist ein Schlitzohr

Dat es ene Knittschießer
Das ist ein Geizhals

Dat es ene Mullejahn
Das ist ein Maulfechter

Än loß dich me net betuppe
Und lasse dich nicht betrügen

Beweg dich net, söns jet dich et Fett flöete
Spöttich: bewege dich nicht, sonst verlierst du deine Körperfülle

Bei deä enge moß ich bezahle än bei de angere Jeld jevve
Bei dem einen muß ich bezahlen, beim anderen muss ich Geld geben heißt soviel wie: es ist gehopst wie gesprungen

Iesch wenn en Modder de Oue zomaaht, jönt se de Kenger Op
Erst wenn eine Mutter die Augen zu macht, gehen sie den Kindern auf

Dat es för de Bibbernell ze krijje
Das ist zum Haare raufen, das Zittern zu kriegen

Deä hat e elef Trappejesech
Er hat ein Elftreppen-Gesicht, ein betrübtes Gesicht, als ob er die elf Treppen vom Rathaus herunter kam, wo er nichts Gutes vernommen hatte.

Ich han Honger! Leck Salz kriss de ouch Doesch
Ich habe Hunger > lecke Salz, dann bekommst du auch Durst, man war arm

Mich döent de Schouere wiej va Doesch
Mir tun die Schultern weh vor Durst.

Ich moß pesse wie e welch Kengermädche
Ich muss Wasser lassen wie ein Wallonisches Kindermädchen, woher dieser Bezug kommt, ist nicht bekannt

Doe könt et Bierfäßje
Da kommt das Bierfässchen (ein Mann mit einem dicken Bauch vom Biertrinken)

Schuum es ouch bier saat der Wiet än kassieret
Schaum ist auch Bier, sprach der Wirt und kassierte

Fett schemmt ovve, ävel Schuum noch hueder
Fett schwimmt oben, aber Schaum noch höher

Menech enge weäd ooet än söiisch än merkt et net
Manch einer wird alt und schmutzig und merkt es nicht

Help dich selevs, dat hölpt dich Jott
Hilf dir selber, dann hilft dir Gott

Majer än kleng Lüh könne schärep bieße
Magere und kleine Leute können scharf beißen

**Ich jöent dich et Mönster ejjene Pansch >
Da müets du dörch ming Fott en et Hochamt.**
Ich wünsche dir den Dom im Bauch, sagte ein Marktweib zum anderen. Die Antwort lautete: dann müsstest du durch meinen Hintern in die Messe gehen

Jenge bei der Naam jenannt es ouch jenge blamiert
Niemanden beim Namen genannt ist auch niemanden blamiert

Deä Puliss trock blank
Der Polizist zog blank, er zog seinen Säbel

Heä es bruun wie ene Kalkämmer
Spöttisch : er ist so braun wie ein Kalkeimer

Heä worep heäm ene Bleck zou, deä jong dörch Mark än Pennige
Er warf ihm einen Blick zu, der ging durch Mark und Pfennig

Du has enene Naahtswächter getroene
Du hast in einen „Nachtwächter" getreten, in einen Hundehaufen

Ouch ene aue Oohß wor ens e jong Kauv
Auch ein alter Ochse war mal ein junges Kalb

Ene Bleng jöev jet derför, wenn heä et süüch
Ein Blinder würde etwas dafür geben, wenn er es sehen könnte. Mann soll bescheidener sein

Heä es blenk met ouffe Oue
Er ist blind mit offenen Augen, er nimmt nichts wahr

Wenn ich dich net hei, än de decke Äedäppel, da müet ich mer noch klenge eiße
Wenn ich dich nicht hätte und die dicken Kartoffeln, dann müsste ich kleine essen

Haste Duvve, da haste ouch Köttele
Hast du Tauben, dann hast du auch Mist

Bliiev mich vajje Lief
Bleibe mir vom Leib

De riche Lüh hant jeär Frönde, die mösse hön mer uusjen Täisch blieve
Reiche Leute haben gerne Freunde, aber sie müssen ihnen aus der Tasche bleiben

Ich kann dich net mie vör ming Oue sieh
Ich kann dich nicht mehr vor meinen Augen sehen

Die stönt doe wie de Prente
Die stehen da wie die Printen (steif oder stramm)

Wenn der Buur met der Ooehß bronkt, da weäd de bau jeschlacht
Wenn der Bauer mit dem Ochsen angibt, dann wird er bald geschlachtet

Weä met sich alleng mullt deä hat ouch alleng Reäht
Wer mit sich alleine redet, bekommt auch alleine recht

Jot eiße än drenke hält Liiv än Siel beijeä
Gut essen und trinken hält Leib und Seele zusammen

Et jeäht nüüß övver de Proppertiet, saat de Frau, än kehret der Dösch met Beißem av.
Es geht nichts über Sauberkeit, sagte die Hausfrau und kehrte den Tisch mit dem Besen ab

Bei os es et esu propper, doe kanns de van der Boem eiße, me fengt ouch ömmer jet.
Bei uns ist es so sauber, da kann man vom Boden essen.... man findet auch immer was

Jedder enge hat si Steckepeäd, der enge rijt op ene Strüehtshalm än der angere op enc Bcißcmstcck
Jeder hat sein Steckenpferd, der eine reitet auf einem Strohhalm und der andere auf einem Besenstiel

Aprelsjeck, di Vadder es jeck, di Modder rijt op ene Beißemsteck
Wenn jemand in den April geschickt wurde, riefen die Kinder : Aprilsjeck, dein Vater ist jeck, deine Mutter reitet auf einem Besenstiel

Deä klaaft selvs der Düvel e Uhr av
Der mault selbst dem Teufel ein Ohr ab

E jeddermanns Jade wahßt e Onkruut
In jedermanns Garten wächst Unkraut, jeder hat seine Leiche im Keller

Jot es jot, ävvel beister es beister
Gut ist gut, aber besser ist besser

E Beßje es beister wie janüüß
Ein wenig ist besser als gar nichts

Ene majere Verjliich, es beister äls ene fette Prozess
Ein magerer Vergleich ist besser als ein fetter Prozess

Et es beister wennig ze wesse än völ ze jenesse, äls völ ze wessen än alles ze messe
Es ist besser, wenig zu wissen und viel zu genießen, als viel zu wissen und alles zu missen

Et es beister Onreäht lijje, äls Onreäht due
Es ist besser Unrecht zu leiden als Unrecht zu tun

Beister mänichmoel jeschweäje, wie sich Mull ze verbrenne
Besser manchmal zu schweigen als sich den Mund zu verbrennen

Weä jet wat heä hat es weäd dat heä leävt
Wer gibt was er hat ist wert dass er lebt

Es de Kann en der Mann, es der Verstank en de Kann
Ist die Kanne im Mann, ist der Verstand in der Kanne, sinngemäßer Trinkspruch : wer betunken ist verliert den Verstand

Wenn de et Onjlöck has, da liehrtsde de Lü kenne
Wenn du das Unglück hast, dann lernst du die Leuten kennen

En et klengste Döppche es at ens de beiste Salv
Im kleinsten Töpfchen ist oft die beste Salbe

Et Weär es wie e Kengche ejen Fiesche, bau es et drüch, bau es et naaß
Das Wetter ist wie ein Kind in den Windeln, mal ist es trocken, mal ist es nass

Der bellije Kouf es döcks der düre Kouf
Wer billig kauft, muss das manchmal teuer bezahlen

Heä es met et lenke Beän zeiesch opjestange
Er ist mit dem linken Bein aufgestanden, sinngemäß : er hat schlechte Laune

März Sonn än Aprells Wenk, roubt mänche Modder et Kenk
Wer in der Märzsonne und im Aprilwind unvorsichtig ist, muss mit einer Erkältung rechnen

Mer moß et Müllche mer jet aabeje, da köet et dat ouch
Man muss dem Mund nur etwas anbieten, dann nimmt er das auch, sinngemäß : der Appetit kommt beim Essen

Ping es Ping, än jeder enge föehlt de sing
Jeder fühlt seine eigenen Schmerzen

Der ieschte Sen es miestens der beitse
Der erste Gedanke ist oft der beste

Wenn döm de Oue opjöhnt da jönt se öm secher övver
Wenn ihm die Augen aufgehen, dann laufen sie ihm sicher über, wenn er die Sache erkennt, wird er sich wundern

Heä sooch at der Jeäß kruuve
Er sah schon den Geist kriechen, sinngemäß : er sah das Unheil kommen

Weä fuul es moß lues sie
Wer faul ist muss schlau sein

Heä biehnt sich der Küll
Schwer zu übersetzen, sinngemäß : er läßt es sich gut gehen

Va nüüß köent nüüß
Von nichts kommt nichts

Mösch, Mösch, Mösch ene Käeferling
Wörtlich : Spatz, Spatz, Spatz ein Käfer. Die Kinder banden einem Maikäfer einen Faden ans Bein, ließen ihn fliegen und riefen diesen Spruch

Op eä Beän ka me net stooeh
Auf einem Bein kann man nicht stehen

Heä schleät sing Beän ejjen Nack
Er beeilt sich und schlägt die Beine in den Nacken

Weä met de jrueße Hong pesse jooeh well, deä moß et Beän huuch hävve könne
Wer mit den großen Hunden pinkeln gehen will, muss sein Bein sehr hoch nehmen können.

Menech enge moß mer der Stöb uus jen Oue bloese
Manch einem muss man den Staub aus den Augen blasen, damit er erkennt, was Sache ist

Dat kanns de dich ajjen Beän schrieve
Das kannst Du Dir ans Bein schreiben, sinngemäß : das bekommst Du nicht mehr, das kannst Du abschreiben

De Melezin hat mich wier op de Beän braaht
Die Medizin hat mir geholfen

Wat me net ejjen ne Kopp hat, dat moß me ejjen Beän han
Was man nicht im Kopf hat, das muss man in den Beinen haben

Deä hat Beän wie en Ovvenspiif, net esu deck, ävvel esu schwazz
Der hat Beine wie ein Ofenrohr, aber nicht so dick, sondern so schwarz

Deä rießt sich för angere jeä Beän uus,
Der reißt sich für andere kein Bein aus, sinngemäß : er ist nicht hilfsbereit

Wie jeäht et ? Op zwei Beän
Wie geht es? Auf zwei Beinen! Dumme Antwort auf die Floskel, wie geht es?

Weä woer dat ? Enge met zwei Beän än en Nas en et Jesech
Wer war das? Auf diese neugierige Frage kommt die Antwort : einer mit zwei Beinen und einer Nase im Gesicht

Ze faß bengt net, ze laus hält net.
Zu fest gebunden bindet nicht, zu los gebunden hält nicht

Heä löift e Küksje noeh än let et Honn loufe
Er läuft einem Küken nach und lässt das Huhn laufen, er erkennt nicht, was Wert hat

Et es esu wärem, dat de Kroeh jappe
Es ist so warm, dass die Krähen gähnen

Et es esu koet, dat der Steän kraacht
Es ist so kalt, dass der Stein kracht

Heä lüggt wat heä sich beänt
Er lügt, was er betet, sinngemäß : er schreckt beim lügen vor nichts zurück

Heä söckt sich ene Küll för sing eje Fott
Er sucht einen Stock für seinen eigenen Hintern, sinngemäß : er ist so dumm oder ungeschickt, dass er seinen eigenen Nachteil heraufbeschwört

Mer bengt der Sack net ieder zou, bes dat e voll es.
Man bindet den Sack nicht eher zu, bis er voll ist, sinngemäß : nicht etwas beenden, bevor alles erledigt ist

Wenn et net reänt, da dröppt et
Wenn es nicht regnet, dann tropft es, sinngemäß : wenn es schon nicht viel ist, so muss man eben das wenige nehmen

Beister et Jeld noh ene Wiiet jedrage, wie nohjen Apethiek
Es ist besser das Geld in die Wirtschaft bringen als zur Apotheke

Beij et kriesche weäd de Siiel jewäische
Beim weinen wird die Seele gewaschen

Ene blënge Musiker froegt deä douve Musiker, danze se at? Sett deä speäle vür da at?
Ein blinder Musiker fragt einen tauben Musiker: tanzen sie schon, fragt der Taube: spielen wir denn schon

Wievöl Uuhr es et ? Veddel op nackse Ärm
Wie spät ist es? Viertel auf nacktem Arm, sinngemäß : er trägt keine Uhr

Der Kaffie weäd op et Oes jeschott
Der Kaffe wird noch einmal auf den alten Kaffeesatz gebrüht

Deskier hat heä schleäte Kaate
Diesmal hat er schlechte Karten, sinngemäß : diesmal hat er kein Glück

Os kennt os, än weä os net kennt, sätt Ür an os
Uns kennt uns, wer uns nicht kennt sagt Sie zu uns, sinngemäß : wir kennen unsere Pappenheimer

Bliev met ding Fottfengere dervan
Bleib mit Deinen Arschfingern davon, sinngemäß : wer zwei linke Hände hat oder wem man das Können nicht zutraut, dem sagt man, er soll eine Sache nicht anpacken

Nüüs es en häm än nüüs blievt en häm.
Nichts ist in ihm und nichts bleibt in ihm, sinngemäß : er ist ein oberflächlicher Mensch

Dommheäd än Stolz waaße op eä Holz
Dummheit und Stolz wachsen auf einem Holz

Kick vör dich
Schau vor dir, schau nach vorne, kümmere dich nicht um Sachen die dich nichts angehen

Heä moß ens avschödde
er muss einmal Wasser lassen

Dat schöddelt deä av wie der Honk der Reän
Er ist hartgesotten, es macht ihm nichts aus

Ene Avvekat maht en Saach kromm, die vörher schnack woer
Ein Anwalt macht eine Sache krumm, die vorher gerade war

Wenn zwei sich strijje öm en Kouh, da melkt se der Avvekat
Wenn zwei sich um einen Betrag streiten, kassiert ihn der Anwalt

Ich krigg de Buusche va de Lü, saat der Hegge-Avvekat, va de Böim schöddele kann ich se net
Der Anwalt sagte, ich muss mir das Geld von den Leuten holen, von den Bäumen kann ich es nicht schütteln

Dat kanns de avstrijje, ävvel net futtkrijje
Man kann etwas abstreiten, aber es bleibt hängen

Wenn de aue aafange ze jraue, da fange se ouch aa ze kraue
Wenn die Alten grau werden, fangen sie an zu nörgeln und werden kratzbürstig

Beister ärrmsellig jefahre, äls hoffeädig jejange
Besser armselig fahren als hochnäsig gehen

Wat nu noch noeh könt dat schleät de Feäsche net av
Was nun nachkommt, das schlägt die Fersen nicht ab, was noch kommt ist nur noch halb so schlimm

31

Deä hat en rechtije Klüttepütsch
Er hat aufgeworfene Lippen

Deä hat en rechtije Breimull
Dem kann man nichts anvertrauen, der erzählt alles weiter

Dat es ene Äezezeller
Das ist ein Erbsenzähler, einer der alles übergenau nimmt

Dat es e Cremschnettche
Das ist ein Cremeschnittchen, will etwas Feines sein

Dat es e Jrienieser
Er oder sie ist ein Sauertopf

Dat es Meälepess
Das ist Amselpisse, z.B. dünnes Bier

Deä hat en Plesterlepp
Ähnlich wie „Klüttepütsch"

Dat es en au Bejing
Das ist eine alte Betschwester, die an nichts Freude hat

Da sätt me jet va klaafe Wiefer
Da sagt man etwas von quatschenden Frauen (wenn man Männer zusammen stehen und reden sieht)

Dat drät döm de Fott noeh
Die trägt ihm den Hintern nach, sie bedient ihn von vorne bis hinten

Deä es en au Jruumel
Das ist ein griesgrämiges Weib

Deä es ene Kuutenelles
Der hat eine Rotznase

Dat es ene komije Hellije
Das ist ein komischer Heiliger

Dat es ene Hongerlijjer
Das ist ein Hungerleider, er ist nicht viel wert

Deä schleät döm noch schozzelsblou
Der schlägt den grün und blau

Ich ben schwazz va Honger
Ich bin schwarz vor Hunger

Weä ene Püss hat de bruut net op de Breär ze schloffe
Wer ein Bett hat, braucht nicht auf Brettern zu schlafen

Dat es en Kneckluus
Das ist eine Knicklaus, einer, der sich an eine Sache festbeißt und keine Ruhe lässt

Deä klejt en e Höddelche
Sie kleidet selbst in einem Lappen, egal was sie anzieht, sie sieht immer gut aus

Weä nider hat deä hat Bruet, weä jeng hat lid Nuet
Wer Neider hat, der hat Brot (besitzt etwas), wer keine hat der leidet Not

Dat es ene fleddije Zewier
Das ist ein fieser, widerlicher Mensch

Deä hat e paar Labschuuhre
Der hat ein paar riesige Ohren

Dat es ene Lenkspuet
Das ist ein Linkshänder

Weäsch dich ens der Knies uus de Uuhre
Mach dir mal die Ohren sauber

Weäsch dich ens der Knies uus de Oue
Wasch dir mal den Schlaf aus den Augen

Ia Köttela, kanns jo noch jeä i än a
An die Schulanfänger : kannst noch kein i und a

Klenge jemenge met de Fott noe henge
Kleiner, gemeiner, mit dem Po nach hinten

Wenn eng Hank de anger wäischt, da bleive se alle zwei reng
Wenn eine Hand die andere wäscht, bleiben beide sauber

Der Jong jeäht des Johr met
Der Junge geht dieses Jahr mit, das ist die Kurzform von: er geht dieses Jahr zur ersten Kommunion

Nevver wöm mer sich setzt, nevver dön steäht mer ouch op
Neben wem man sich setzt, neben dem steht man auch auf, man soll sich seine Gesellschaft gut aussuchen

Ich wönsch dich et Mönster ejene Pantsch!
Än da moss du dörch ming Fott en et Hochamt.
Zwiesprache unter Marktweibern : Ich wünsche dir den Dom im Bauch.
Antwort : dann musst du durch meinen Hintern zum Hochamt

Ich wönsch dich op der Blockbereg
Ich wünsche du wärst auf dem Bocksberg

Dat es ene Bloue (Bloekopp)
Das ist ein Blauer (Blaubkopf) , ein Protestant

Bloes mich jet
Blas mir was, du kannst mich mal

Dat jönt dich noch net et schwazt onger der Nagel
Die gönnt dir nicht mal das schwarze unter den Nägeln

Vür jelde mer noch op puff
Wir kaufen nur ohne Geld (bezahlen später)

Deä ka bei mich jenge Blommepott jewenne
Der hat bei mir keine Chance

Bei dön en et Bruetschaaf loufe sich de Müs Bloese ajjen Föß
In deren Brotkasten laufen sich die Mäuse Blasen an den Füßen

Onjlöck än Krankheät haue dich nier
Unglück und Krankheiten schlagen dich nieder

Ich jönt du haits der Krau än lahm Fengere, dat de dich net krazze küüens
Ich wünsche, du hättest die Krätze und lahme Finger, damit du dich nicht kratzen kannst

Der Blötsch hat jeblefft
Die Kanone (Blötsch) hat geschossen

Der Well steäht henger de Dör
Der Wille steht vor der Türe (wenn Kinder sagten : ich will)

Streck dich noe ding Decke, da lijje ouch ding Föß net blueß
Strecke dich nach deiner Decke, dann liegen deine Füße auch nicht bloß

Wat es passiert? Do hat sich en Jeäß de Fott rasiert
Antwort auf eine neugierige Frage: da hat sich eine Ziege den Hintern rasiert

Pack schleät sich Pack verdreät sich
Pack schlägt sich, Pack verträgt sich

Dat schleät net en houl Böim
Das schlägt nicht in hohle Bäume

Schmaat et ? Der Honger drieft et eraav
Sckmeckt es? Der Hunger treibt es runter

Deä hat et huech ejjen Höit et nier ejjen Täisch
Der hat es hoch im Kopf und nieder in der Tasche, er gibt an, ohne etwas zu haben

En ding Uuhre könne bau Eädäppel waaße
In deinen Ohren können bald Kartoffel wachsen (sind sehr schmutzig)

Heä schnijt e Jesech, wie ene Bock deä Brezzele köit
Er macht ein Gesicht wie ein Ziegenbock der Brezeln kaut

Enge deä jris Hore kritt, hat ouch döks jrise Senn
Einer der graue Haare bekommt, hat auch oft eine graue Gesinnung

Weä jet ophäve well, deä moß sich böcke
Wer etwas aufheben will der muss sich bücken

Deä hat ene Paveisteän, wo angere e Hazz hant
Er hat einen Pflasterstein wo andere ein Herz haben

Doe has de ävvel ene Böckem kräeje
Da hast du einen Bückling bekommen (eine Abfuhr)

Schmier mich jenge Seäm öm de Mull
Schmier mir kein Rübenkraut um den Mund (versuche mich nicht zu überreden)

Jröß hant Föß
Grüße haben Füße, sagt man, wenn man die grüßende Person selber erwartet

De Schwolbere flüjje huech, dat jet schönn Weär
Die Schwalben fliegen hoch, es gibt schönes Wetter

Deä es esu domm wie Bonnestrüeh
Der ist so dumm wie Bohnenstroh

Et moß sich böje of et moß baschte
Es muß sich biegen oder brechen

Du siß uus, wie en Fott die Tubak köit
Du siehst aus wie ein Hintern der Tabak kaut (meist bei einem zerzausten Schnurbart)

dat es ene stärke Wenk een en au Boks
Das ist ein starker Wind in einer alten Hose (eine mutige Aussage)

Du has en Fönef ejene Söller
Du hast einen Riß in deinem Hosenboden

Bei et kriesche loufe heäm de Troene der Röck eraav
Beim Weinen laufen ihm die Tränen den Rücken runter (er schielt sehr)

Jong, jetz beste e de Bonne
Junge, jetzt bist du in den Bohnen (du bist auf dem Holzweg)

Bei deä Kaffie haste wal de Bonne jezahlt
Bei diesem Kaffee hast du wohl die Bohnen gezählt (er ist sehr dünn)

Lange Fam full Niehnesche
Langer Faden, faule Näherin

Die woehne at foffzig Joehr op eä Jebönn
Die wohnen schon 50 Jahre in einer Wohnung

Heä maat net völ Maleste
Er macht nicht viel Schwierigkeiten

Der Puff än der Plack, breiche dich der Nack
Anschreiben lassen und borgen brechen dir das Genick

Scheck jenge ejje Keller, wenn de net selevs dren woers
Schicke niemanden in den Keller wenn du nicht selber drin warst

Bei et lenne sönt de Mensche fröndlich, bei et wierjevve schnijje se e Jesech
Beim Leihen sind die Menschen freundlich, beim wiedergeben schneiden sie ein Gesicht

Lenne es flott, wierjevve hat Zitt
Leihen ist schnell, wiedergeben hat Zeit

Et Netta hat ene Mensch
Die Annette hat einen Mann kennen gelernt

Op dat Mezz kansde met de nackse Fott noe Kölle rijje
Auf diesem Messer kannst du mit dem nackten Hintern nach Köln reiten, das ist stumpf

Noe de Setzong jenge de Roetsheäre der Suufjrosche opene Kopp haue
Nach der Sitzung gingen die Ratsherren den „Saufgroschen" (eine Biermünze, ähnlich wie Biermarken) auf den Kopf schlagen, sie vertranken ihn

Et es net alles Botter, wat va de Kouh könt, saat der Buur, wie heä een en Kouhflatt truen
Es ist nicht alles Butter, was von der Kuh kommt, sagte der Bauer, als er in einen Kuhfladen trat

Ich kann dich ens sage wat de Botter koust
Ich kann dir mal sagen was die Butter kostet wenn man etwas abschlägt

Et Sonndesnommedes joef et at ens en Sankeler Botteram
Sonntags gab es schon mal „Sandkauler Butterbrote", das ist eine Art Pfannkuchen mit Buttercreme

Mich jöcht de Fott, dat jet e jot Botterjoehr
Mir juckt der Hintern, Antwort : das gibt ein gutes Butterjahr

Wenn ose Herrjott örjens en Kerch bout, da bout der Düvel dernever en Wietschaf
Wenn unser Herrgott irgendwo eine Kirche baut, dann baut der Teufel daneben ein Wirtshaus

Kleng Eädäppel jevve ouch Fritte
Kleine Kartoffeln geben auch Fritten

Dat es enge va bovve eraav
Das ist einer von oben runter, gemeint ist Preußen

Van et setzte weäd et Werk net jedoe
Vom herumsitzen wird die Arbeit nicht getan

Dat es jet vör ze pöesele
Das ist nur eine Kleinigkeit, kein großes Essen

Vöjel die et morjens senge, freßt des ovvens de Katz
Vögel die morgens singen frisst abends die Katze

Der Düvel schießt nie op ene klenge Houf
Der Teufel macht nie auf einen kleinen Haufen, wer nichts hat, bekommt auch nichts

Dat es e rechtig fieß Ooß
Das ist ein richtig fieser Mensch

Heä es stolz wie ene Peädsköttel
Er ist stolz wie ein Pferdeapfel

Beißer en Plaat, wie jarjeng Hoere
Besser eine Glatze als gar keine Haare

Wat haste atwier demptiert ?
Was hast du wieder angestellt?

Kleng Döppe laufe jau övver
Kleine Töpfe kochen schnell über, d.h. kleine Leute sind schnell gereizt

Heä hat enge nevver sich loufe
Er hat einen neben sich laufen, er ist irre oder betrunken

E lues Honn leägt net alle Eier e eä Neiß
Ein kluges Huhn legt nicht alle Eier in ein Nest, man muss die Risiken verteilen

Die Öcher Jampetatsche
(Aachener Originale)

Über die Jampetatsche gibt es viele Legenden und Geschichten, die teils dankenswerter Weise überliefert wurden, weil einige Zeitgenossen sich die Mühe machten, ihr Aussehen und Treiben und vieles mehr in Niederschriften festzuhalten.
Hier gilt posthum ein besonders großes Dankeschön an:

Lambert Piedboeuf
Will Hermanns
J.J. Maaßen
Ferdinand Jansen
Matthias Schollen
Dr. Joseph Müller
Fritz Beckers
Hein Jansen
Jupp Specks, der Aue
Leonhard Keller
L.W. Heckers
Lambert Brouhon
Johannes Classen
Jean Drießen
Jean Güllikers
und der Maler Bücken

Zu den wahren Begebenheiten wurde aber auch einiges dazu erdichtet, wie auch immer, man kann das alles glauben oder nicht, jedenfalls passen die Geschichten zu den Figuren und man sollte ganz einfach so tun, als ob sie wahr wären.

Oft ist nicht bekannt wo ihre Unterkunft war, denn es waren meistens Obdachlose, die sich tagsüber am Münsterplatz, am Ponttor oder am liebsten am Kölntor herumtrieben. Daher hatten sie auch den Beinamen „Köllepöetzer". Eines hatten sie aber alle gemeinsam: einen fürchterlichen Durst mit einem zielstrebigen Drang nach jeder Art von Alkohol und einem angeborenen Widerwillen gegen alles, was mit irgendeiner Arbeit zu tun hatte.

Beliebte Begriffe waren „Pick" (Wacholderschnaps) und „e Penksje „ das war ein viertel Liter Schnaps. Lambert Piedboeuf schrieb den Reim:

> Än wie se loege op der Schouf
> du wooete se van Zitt hön Douf
> et ieschtemoel jeweische.
>
> *Und als sie lagen auf dem Totenbett*
> *da wurden sie seit ihrer Taufe*
> *zum ersten mal gewaschen.*

Dem Aachener Kunstmaler Otto Mennicken ist es zu verdanken, dass wir uns heute die „Jampetatsche" bildlich vorstellen können, denn er gab sie in seinen Karikaturen so wieder, wie sie hätten aussehen können und zeichnete auch noch das passende Umfeld dazu. Die Abbildungen in diesem Buch stammen aus seiner Feder. Vöelmols merci!

Lennet Kann

Der Lennet Kann

Der heute wohl Bekannteste aus der großen Zunft der Jampetatschen ist der Lennet Kann.

Leonhard van Kann, so lautete sein bürgerlicher Name. Er weilte über siebzig Jahre in seiner Heimatstadt Aachen und starb 1916.

Sein Bereich war nicht die Innenstadt, sondern mehr der Aachener Wald und hier besonders die Gegend um Waldschlößchen und Waldschenke. Dort kassierte er manches Schärflein von den Spaziergängern. Obwohl er, wie die meisten Jampetatschen, spindeldürr war, verwendetet er die „Spenden" lieber für Schnaps als für feste Nahrung.

Die Aachener Studenten haben manchen Schabernack mit ihm getrieben. Sie behängten ihn gerne mit irgendwelchen Orden, luden ihn aber auch oft zu einem Trunk ein.

Es gibt kaum eine Beschreibung, die den Lennet besser wiedergibt, als das Lied vom „Wickes" (Ludwig) 1909 im „Volksfreund" veröffentlich wurde (nach der Melodie: das ist die Garde):

Das Lied vom Lennet Kann

Was zieht durch die Straßen für eine Gestalt,
mit Orden geschmückt und Ehrenzeichen?
Die Buxenpfeifen gemahnen bald,
an Stoppentrecker und dergleichen.

Die Arme, die bammeln zur Seite hinab,
als hingen sie zu los in den Scharnieren,
so geht's durch die Straßen im Hundetrab,
die Domgrafen aber jubilieren:

Das ist der Lennet, das ist der Lennet Kann
das ist der Lennet, von Aachen der fingste Mann

Und geht man zum Aachener Bösch mal hinein
die Waldschenk erauv nach Siebenwegen,
da wankt einem plötzlich von einem Stein
ein seltsamer Ritter entgegen.

Als ob jedes Bein nur ein Streichhölzchen wür,
so kommt er jestippelt und jetavelt,
du gibst ihm 'nen Pfennig, das macht ihm Pläsier,
und schon ist er weiter jeschravelt.

Das ist der Lennet, das ist der Lennet Kann
das ist der Lennet, von Aachen der fingste Mann

Kein Jampetatsch wird mehr parodiert als „Lennet Kann", aber von allen Interpreten bleibt einer unerreicht, der legendäre Jupp Schollen.
In seiner Fassung vom „Lennet-Kann-Lied" sind auch noch andere Jampetatschen erwähnt, so heißt es in einer Strophe:

*Der Nandes, de Latz än der Spienejupp
sind alle längs zum Himmel hin geschritten*

Um 1900 herum erschien eine Postkartenserie, die sich den Aachener Originalen widmete. Sie war benannt: „Oecher Flür"

Die vier Bekanntesten der damaligen Zeit waren: Der Lennet Kann, der Nandes, de Latz und der Spienejupp, die durch die Abbildungen auf den Postkarten zusätzlich zu Berühmtheiten wurden.
Lennet Kann wurde beschrieben, von den anderen Dreien soll nun die Rede sein.
Wir haben Jakob Kirschbaum einige schöne Verse über diese Jampetatschen zu verdanken.

Der Nandes

Der Nandes

Ein etwas grantiger Typ, der sich im Schatten der Adalbertskirche aufhielt, um dort zu betteln. Es war nicht selten, dass er die Passanten anpöbelte oder lauthals schimpfte und lamentierte.

Jakob Kirschbaum reimt:

> *Nandes, Nandes,*
> *drenk net zevöl van deä Pick,*
> *än loß doch dat roesetig suufe,*
> *du kanns et doch angesch bruuche,*
> *än deä Schabau,*
> *süüft all deä Krau,*
> *weäds du da zeleäve net schlau.*

De Latz

De Latz

Ein windschiefes Modell von Mensch, der die Borngasse als sein Bettelrevier auserkoren hatte. In seinen viel zu großen Kleidern lief er stets mit einem grimmigen Gesicht herum.

Jakob Kirschbaum reimt:

> *Ühr seht höm ajjen Booenjaaß Stooeh,*
> *mieh wie opene Maat,*
> *heä welt net noh China jooeh,*
> *hat jeä Kenk noch jet gedooe,*
> *wenn et övver höm laht.*
> *Latz, du bes der nettste Ziehn,*
> *Op die Ansichtskaat!*

Der Spienejupp

Der Spiehnejupp

Wenn man bedenkt, dass zu seinen Lebzeiten mit „Gedecks" geheizt wurde, dann weiß man, womit er seinen Lebensunterhalt bestritt. Das „Gedecks" war eine Mischung aus feuchtem Kohlenstaub (Schlamm), einem Teil Lehm und Sägespänen. Der „Jupp" klapperte nun die Schreinerwerkstätten ab, um seinen Sack voll Holzspäne zu stopfen, die er dann zur Herstellung von „Gedecks" verkaufte.

Jakob Kirschbaum reimt:

> *Dörch Oche loufe jlatte Konnde,*
> *die vür op Ansichtskaate braht,*
> *än jeddermann, deä die jejolde*
> *deä hat dorövver ouch jelaht.*
> *Hei breng ich Üch ne jlatte Jrosche,*
> *Et kennt em jedder Öcher Kenk,*
> *än hat ühr Öcher Spiehne nüedig,*
> *könt heä jeloufe wie der Wenk.*
> *Weßt Ühr, Öcher, weä hei drop steäht?*
> *Dat es der rechtje Spiehnejupp!*
> *Wenn döm si Wöebche ens jeweische wööed,*
> *dat jüev de schönnste Renkfleäschzupp*
> *heä brengt en Oche hei de Spiehne*
> *bei riche Lü än ouch bei Pack,*
> *es jenge van de jlattste Ziehne*
> *Der Jupp met singe Spiehnesack!*

Der Jokeb met et Fäißje

Der Jokeb met et Fäißje

Der auch „der kiddele Jakob" genannt wurde. Er war in Burtscheid zuhause und trieb sich dort gerne an den heißen Quellen herum, umgeben von einer Schar Kinder, die ständig riefen:" Jokeb kiddel mich ens!" Ein Kind nach dem andern trat an ihn heran und ließ sich den Rücken kraulen. Wenn die Kinder dann johlten und kreischten hatte er seine Freude.

Seinen Jampetatsche-Namen verdankte er aber seiner großen Vorliebe für Fässer, die er in allen Größen, Formen und Ausführungen sammelte. Dafür klapperte er alle möglichen Händler ab und bedankte sich überschwänglich, wenn er einen neuen „Schatz" nach Hause tragen konnte.

Mit der Zeit hatte er in seiner kargen Einzimmer-Wohnung ein beträchtliches Lager angelegt. Der vorherige Inhalt interessierte ihn nicht. Egal, ob Bohnen, Sauerkraut, Bier oder Heringe darin waren, er nahm alles an und man sah ihn nie ohne ein Fässchen unter seinem Arm.

Da nicht davon auszugehen ist, dass er die Behältnisse gründlich säuberte, muß es in seinem Wohn- und Schlafraum jämmerlich gestunken haben.

Der Bamberg

Der Bamberg

Der Bamberg war ein großer Held, zumindest nach seiner eigenen Darstellung. Man fand ihn oft in seiner Stammkneipe Auf dem Knipp, ein noch heute bekanntes und beliebtes Restaurant. Hier gab er seine „Kriegserlebnisse" zum besten. Seiner Erfindungsgabe nach, war er ein echter Münchhausen, mit einer großartigen Phantasie. Die zahlreichen Geschichten begann er mit den Worten : „ ich well net lüjje, än övverdrieve es ming Saach net!"

Mit seinem Freund, dem Wickes von Bergdriesch, hatte er einmal ganz allein zwei feindliche Geschütze mit sechzehn Mann Besatzung erobert und die Mannschaft gefangen genommen.

Bei seiner Teilnahme an den Napoleonischen Feldzügen ist er einmal dem großen Napoleon persönlich begegnet, der ihn seiner Marie Louise mit den Worten vorstellte: „dat es der Bamberg va Oche!" (natürlich konnte Napoleon fließend Öcher Platt)

Bamberg und Wickes brachten auch den Brand von Moskau zum stehen und haben ihn gelöscht. Nachdem er die Werbungen einer russischen Gräfin ausgeschlagen hatte, musste er fliehen. Durch zwei Millionen Russen und den russischen Winter schlug er sich durch bis nach Aachen.

Mit General Ney und dem alten Gneisenau sang er angeblich oft im Terzett und Gneisenau (konnte natürlich Öcher Platt) sagte zum Bamberg: "ich jüev zeng Kuräntchere, wenn ich esonn Stemm hei wie du!"

Der Nöldekopp

Der Nöldekopp

Als Hausierer handelte er mit Nadeln, die er laut feilbot: Nöööölde kopt (kauft Nadeln), weshalb die Kinder ihm nachriefen: „Nöldekopp, Nöldekopp, Nöldekopp" und er antwortete (niemand weiß warum) „Kompes ejjen Seij."
(Sauerkraut im Sieb)

Der scheife Engelbeät met et Monika

Der scheife Engelbeät met et Monika

Ein Krüppel, alt, klein und dürr, mit einer missgestalteten Figur, saß am Dom mit einer Harmonika, die fast größer war als er selber. Manchmal spielte und sang er, um ein Almosen zu erbetteln.
Die Kinder riefen ihm nach, wenn sie ihn sahen, Engelbeät, Engelbeät, du bes noch jenge Fennig weät! Aber außer mit ein paar Drohgebärden konnte der arme Kerl sich nicht wehren.
Von Lambert Piedboeuf ist der folgende Vers überliefert:

>Sue es dann ouch der Engelbeät
>Vörlöifig net verjeiße,
>än wie dat en et Leäve jeäht,
>de Freud wor höm mer fengerbreät
>et Leäd hankbreät jemeiße

>*so ist dann auch der Engelbert,*
>*vorläufig nicht vergessen,*
>*und wie das im Leben geht*
>*die Freude war ihm fingerbreit*
>*das Leid handbreit gemessen*

Düllje

Düllje

Düllje lebte um 1750 und wohnte in der Kleinmarschierstraße gegenüber dem Haus von dem Tuchfabrikanten und Bürgermeister Wespien. Daneben befand sich das Klarissinnen-Kloster.

Er war so etwas wie ein Aachener Eulenspiegel und Wespiens privater Hofnarr. Er war sicherlich sehr gescheit und dachte sich manche Schelmereien aus, denen auch Wespien oft selber zum Opfer fiel.

Einmal hatte er sich als Kirschwasser-Hersteller ausgegeben und bei mehreren Marktweibern Kirschen bestellt, in verschiedenen Sorten und Farben. Er ließ sie irgendwo anliefern und zusammen in einen Bottich schütten. Dann feilschte er um den Preis und wurde natürlich nicht handelseinig. Daraufhin trat er vom Kauf zurück und überließ es den schimpfenden und zankenden Marktweibern, die Ware wieder auseinander zu bekommen.

Ein nächstes Mal sah er seinen Gönner Wespien mit einem griesgrämigen Gesicht im Fenster liegen und überlegte, wie er ihn aufmuntern könnte. Er malte mit Kreide ein paar Kreise als Schießscheibe auf die Mauer und stellte sich auf der gegenüber liegenden Seite mit seiner Flinte und zielte. Als im Kloster die Messe zu Ende war, trauten die herauskommenden Gläubigen sich nicht, an Düllje vorbei zu gehen. Das dauerte über eine viertel Stunde, bis schließlich einer sagte, er solle endlich schießen, damit man weitergehen könne. Düllje aber antwortete Ür könnt röjig langs joe, die Flent es jarnet jelaade. Wespien lachte und seine gute Laune war wieder hergestellt"

Es gibt noch unzählige Schnurren über den Düllje, aber das würde den Rahmen sprengen.

Der scheife Kriemer

Der scheife Kriemer

Er war eigentlich ein Vogelhändler, der seine Ware auf der Straße anbot. Er zeigte einem Interessenten eine Elster und dieser fragte:"wa wa wat soll die die die ko- ko- ko- koeste?" „Enge Dahler," war die Antwort. Die nächste Frage:" ka- ka- ka- kann die die die dann o o ouch spr- spr- spreäche?" Worauf der „scheife Kriemer" sagte:" beister als ür Heär!"

Der Käufer fragte:"Wa-wa-was soll die die die ko-ko-kosten"?
„Einen Taler" war die Antwort.
Die nächste Frage:" ka-ka-kann die die die denn auch sprechen"?
Die Antwort:" besser als Sie mein Herr"!

Der Üllespejjel

Der Üllespejjel

Ein Mann namens Freialdenhoven wohnte damals im heutigen Postwagen und hatte auch dort einen Buchladen. Da er nicht lesen konnte, nahm er sich irgend ein Buch vor und erzählte dem interessierten Kunden statt des wahren Inhalts des Buches eine eigene, erfundene Geschichte. Der Käufer fand die Geschichte schön und erwarb das Buch.
Das wohl Kurioseste war, das er die Bücher nicht nach ihrem Umfang oder Inhaltswert verkaufte, sondern nach Gewicht.

Der volle Antuen

Der volle Antuen

Der volle Antuen hieß mit bürgerlichem Namen Anton Schargant und war wie alle Mitglieder seiner Zunft immer einem Tröpfchen „Schabau" zugetan. Er war ein rechter Philosoph der so manchen nachdenkenswürdigen Spruch hinterlassen hat. So z.B. Wenn ich wöß dat ich feil, da leäd ich mich doe.

Eine andere tiefsinnige Weisheit, die er von sich gegeben haben sollte, hieß so:
Anton ging bei strömendem Regen heimwärts, allerdings mitten durch den Rinnstein. Als ihn jemand fragte, warum er nicht auf dem Bürgersteig gehe, gab er zur Antwort:" Stellt Üch ens vör, ich joehn op et Troddewar än stoleper, da fall ich doch ejjen Sief, wenn ich op de Stroeß jooehn än fall, da ligg ich ouch ejjen Sief. Loef ich ävvel dörchjen Sief än fall, da ligg ich wennestens drüch op et Troddewar ov ejjen Stroeß.

Stellen sie sich einmal vor, ich gehe auf dem Bürgersteig und falle, dann liege ich doch in der Gosse, wenn ich auf der Straße gehe und falle, dann liege ich auch in der Gosse, gehe ich aber in der Gosse und falle, dann liege ich wenigstens trocken auf dem Bürgersteig oder auf der Straße.
Das war seine Philosophie

Der Pittekeusch

Der Pittekeuch

Dieser spindeldürre Wicht trieb sich am Ponttor herum, wo die Kinder sich um ihn stellten und riefen:"Pitt loß os ens ding Broß sieh"! Für zwei Pfennige öffnete er dann sein Wams und zu sehen war eine grandiose Tätowierung, welche die Kreuzigungsszene zeigte und zwar: Christus am Kreuz, davor Maria mit Johannes, Magdalena und zwei der Römerknechte.

Der Leppejuhei

Leppejuhei

Er war ein armer und harmloser Irrer, der bei seiner Mutter in der Königstraße wohnte, die ihn mit einer wahren Affenliebe vertöttelte. Seine dicken Lippen (man sagte in Aachen „Knuppmull") verhalfen ihm zu seinem Namen. Er zog mit einer alten Ziehharmonika für ein paar Gröschelchen bettelnd durch die Straßen, um sie in den ihm sehr bekannten Wirtshäusern in Schabau umzusetzen.

Der Lehrer einer höheren Lehranstalt soll einen Schüler nach den drei Fürstentümern von Lippe gefragt haben. Der nannte die zwei, die er kannte: Lippe Detmold und Lippe Schaumburg. Als das dritte ihm zugeflüstert wurde antwortete er spontan: „und Lippe Juhei", was ihm eine Fünf einbrachte.

Der Ferkenswellem

Der Ferkenswellem

Er handelte mit Schweinen und bot immer gute Ware an, die allerdings auch einen festen, unverhandelbaren Preis hatte. Daraus ging hervor: „dat steäht wie Ferkenswellem"!

Das steht fest wie „Schweine-Willhelm"

Allewieß met de Waffele

Der Allewiß met de Waffele

Er war klein und dürr von Statur und hatte außerdem noch verwachsene Füße. Wenn er durch die Straßen zog erschallte sein Ruf: "Waffele, drei Fennige et Stöck, de Nöije jenou esu wie de Aue (die manchmal schon zerbröckelt waren). Die Kinder liefen ihm nach und riefen „Allewiß", worauf er sich nach einem vermeintlichen Kunden umsah, und die Kinder dann riefen: „jecke Tiß".
Auch über den Allewiß hinterlässt uns Lambert Piedboeuf einige Zeilen:

E schmal Postürche wie e Kenk,
dat ärrem jot Jemöß,
heä hompelet der janze Daag
op sing zwei Stempele, die siehr schwaach,
heä hau verwaaße Föß

op eämoel soch me höm net mieh,
ich weäß net woe heä bleäve
dat Männche moß jestorve sieh,
söns müüet heä hü noch leäve

Eine schmale Gestalt, wie ein Kind,
das arme gute Gemüse,
er humpelte den ganzen Tag,
auf seine zwei Stempel, die sehr schwach,
er hatte verwachsene Füße

auf einmal sah man ihn nicht mehr,
ich weiß nicht, wo er geblieben ist,
das Männlein muss gestorben sein
sonst müsste er heute noch leben

Der Dreckmatthiß

Der Dreckmatthiß

Matthiß war ein Stadtpolizist der seinen Beinamen wohl vor seiner angeborenen Scheu vor Wasser und Sauberkeit hatte. Den Ordnungsdienst versah er in den vierziger Jahren (1800) in der Nähe oder am Kölntor.

Ob er seine Lebensweise den dort ansässigen Jampetatschen angepasst hatte ist nicht bekannt. Jedenfalls war er ihnen im Schnapstrinken ebenbürtig, was ihn aber nicht daran hinderte, beim geringsten Vergehen seine Obrigkeitsautorität herauszukehren.

Auch hatte er stets ein Auge für die holde Weiblichkeit, aber wahrscheinlich wegen seines unsauberen Äußeren mit weniger Erfolg. Es gibt über ihn folgendes Gedicht:

> Et Wasser Jott jeschaffe hat,
> öm sich der Doosch ze leische,
> än dann sag ich üch drüch än platt,
> för sich dormet ze weische.
>
> Dreck-Matthiß hat jeng Freud doran,
> heä leischt der Dooesch met Fusel,
> sitt uus, als wie ene Klüttemann,
> es Daag än Naht en Dusel.
>
> Än wenn deä Dreckthiß Fraulü sitt
> dann sprengt heä wie en Sproeh,
> wenn ävvel open Stroeß ‚ne Strüehalm litt,
> es e Protoköllche doe.

Et Klör Schieren

Jecke Wiiefer

Der Jampetatschen-Gilde gehörten natürlich nicht nur männliche Personen an, sondern auch unter der holden Weiblichkeit waren viele interessante Figuren zu finden.

Et Klör Schieren

Et Klör trieb sich in Burtscheid herum. Sie war ein altes Weib, klein und verhuzelt. Sie lebte vom betteln und ihre Morgenwäsche erledigte sie am fließenden Bach. An den Fingern trug sie unzählige Ringe, wertloses Talmizeug. Aber sie zeigte sie sehr gerne, denn es war ihr ganzer Stolz. Da die Jugend das Stichwort kannte, riefen sie:" Klör, jevv os e Rengelche"!

Dann offenbarte sich, dass sie mit ihren Schimpfkanonaden dem „Zittwivvje" in nichts nachstand.

Et Micke met de Jitta

Et Micke met de Jitta

Sie zog mit ihrer Zupfgeige durch die gut bürgerlichen Gaststätten,- vornehmlich die Gartenwirtschaft „Kirberichshof"- und brachte mit einer schönen Stimme Balladen dar, die oft von rührseligen Geschichten erzählten. Nach ihren Gesangsdarbietungen ging sie mit einem Töpfchen rund, um ihren „Lohn" einzusammeln, und jeder war bereit, ihr ein paar Münzen zu spenden. Das Gitarren-Mariechen ist trotzdem in bitterer Armut gestorben.

Et Scheäl Blengmann

Et scheäl Blengmann

Sie war ein lang aufgeschossenes, dürres Persönchen, harmlos und wie man so sagt, eine treue Seele. Sie schielte fürchterlich und war außerdem fast blind. Ihren Weg durch die Straßen ertastete sie mit ihrem Stecken und in der anderen Hand hielt sie ihre Gitarre. Wenn das Zupfen ihrer Gitarre zu hören war, lief groß und klein zusammen und hörte zu, wie sie mit einer leicht heiseren Stimme ihre Lieder darbrachte. Am liebsten ihr „Mutterlied" Die Kinder ließen ihren Spottruf erschallen, Blengmann, Blengmann!
Aber davon ließ sie sich nicht stören. Nur wenn sie jemand berührte, ließ sie ihr Schimpfvokabular hören, allerdings ohne ihren Gesang zu unterbrechen :

> **Der schönste Klang**
> >hüer met dat brüjje op
> **den man beim Menschen find**
> >jlich kriss de eng met ming Jitta
> **ist wo eine Mutter**
> >hau av du Labbes
> **betet für ihr Kind**
> >du bes jemenge Krau

Et Blengmann wohnte in der Peterstraße neben einem Pferdemetzger. Eine Legende erzählt, dass vor dem Laden ein Ross stand und Blengmann aus der Haustür kommend gegen dessen Hinterteil lief. Darauf soll sie gesagt haben: entschöldigt Madam, dat ich üch jestosse han!

Et Zittwivvje

Et Zittwivvje

Wenn das alte Jüngferchen,- Fräulein Meier,- durch die Straßen schlurfte, dann war die Kinderschar nicht fern. Fragte jemand: Fräulein Meier, wie spät ist es? dann kam prompt ihre Antwort, sie habe leider ihre Uhr nicht dabei. Wehe aber, es wurde gerufen,- natürlich aus sicherer Entfernung,- : Zittwivvje, wie Zitt es et?, dann hagelte es die übelsten Schimpfwörter und auch so mancher harmlose Passant bekam dann sein Fett weg, z.B.: wat wellst du, maach dat de futt köns du Spetzboof, di Modder setzt op Muulenshöh, weil se jeklaut hat, än doe bes du jeboore.

(*was willst du, verschwinde du Dieb, deine Mutter sitzt im Gefängnis, weil sie gestohlen hat und da bist du auch geboren*)

Der Bescholtene machte sich sehr schnell aus dem Staub.

De wandernde Familie

De Wandernde Familie

Nach dem Krieg 1870 wurde die Familie Meeßen von ihrem Hausbesitzer aus der Wohnung geworfen. Dies war ein großes Unrecht, wie die Familie mit zwei Kindern und einem Säugling beteuerte. Sie weigerte sich strikte in eine andere Wohnung zu ziehen und hauste mit ihrem kleinen Hausrat fortan auf der Straße. Das Schlafen und die Einnahme der Mahlzeiten fand in Torbögen statt und warmes Essen gab es nur, wenn sich jemand erbarmte. Gebettelt haben sie allerdings nicht, schon allein, um der Polizei keine Handhabe zu geben. Erst nach etlichen Wochen wurde der Starrsinn gebrochen und sie zogen wieder in eine Wohnung ein.

Än noch all die Angere

Es gab noch eine ganze Reihe Jampetatsche, männliche und weibliche, von denen es aber weder Bilder noch Skizzen oder Zeichnungen gibt. Doch ihr Erscheinungsbild wurde Gott sei Dank überliefert.

Der Isere Pitt

War ein Freund und Saufkumpan von „de wisse Kouel". Sie fanden einmal ein Kräntchen (Kuräntchen = unbeschränktes Zahlungsmittel) und meinten, es soll dem gehören, der am besten lügen kann und so legten sie los. Ein vorbei kommender Pastor hörte sich das eine zeitlang an und nahm sich die beiden vor: ihr solltet euch schämen, kennt ihr denn nicht das Gebot >du sollst nicht lügen<, nehmt euch ein Beispiel an mir, ich habe noch nie gelogen" „Dormet es die Saach kloer", saat der isere Pitt, „jev de Heär dat Kräntche"!

De Wisse Kouel

Woher er den Namen Kouel (Kugel) hat weiß man nicht. Er muß sehr stark, aber auch sehr mutig gewesen sein, denn er hatte keine Angst sich mit Ordnungshütern oder dem Militär handgreiflich anzulegen. An der Hotmannspief nahm er einem Tambourmajor (meistens große und stattliche Kerle) den Tambourstab ab und fuchtelte damit durch die Gegend.

Der Jadi

Dieser Jampetatsch hielt sich für adelig und erzählte das auch jedem. Vor allen Dingen wirklich hochgestellte Personen sprach er mit „Vetter" an. Nach dem wieso gefragt kam die Antwort: „vür stamme doch all va Adam än Eva av"!

Der Wollberebrei

Aus der Umgebung Aachens (vom Land) war dieser Jampetatsch in die Stadt gezogen und lebte hier in einer heruntergekommennen Baracke. Seinen Lebensunterhalt erbettelte er. Woher er seinen Spitznamen Wollberebrei (Waldbeerenbrei) hatte, ist nicht überliefert.
Er war ein in fürchterlichen Lumpen gehüllter und ständig fluchender Geselle. Mit diesem Buhmann drohten die Mütter ihre ungehorsamen Kinder

De vezzeng Jrisbröttchere

Er war ein langaufgeschossener Kerl, der sich Tag für Tag auf dem Fischmarkt herum trieb. Sein Bratenrock bestand am unteren Saum nur noch aus Fransen und Fetzen, die natürlich mit der Zeit immer mehr verschlissen, wodurch der Rock allmählich kürzer wurde.
Er besaß einen sprichwörtlichen Appetit und das Wort satt war ihm unbekannt.
So hatte er gewettet, 14 Graubrötchen mit einer kleinen Pulle Schnaps zu vertilgen, und gewann.
Das brachte ihm seinen Spitznahmen ein „De vezzeng Jriesbrötchere"

Der Blommenelles

Er war ein harmloser Patron, der mit seinem Blumenkörbchen an der Redoute (altes Kurhaus) stand und mit viel Pfiffigkeit seine Sträußchen anbot. Immer hatte er für die feinen Damen ein schmeichelndes Kompliment parat, so dass die Kavaliere sich genötigt sahen, ihm ein Bouquet Veilchen oder eine Rose abzukaufen.

Der volle Niederau

Ein Köllepöetzer, der nur in einem blauen Kittel zu sehen war, in dem er allerdings nie einer Arbeit nachging.

Der volle Klomp

Noch einer aus der „höteren" Kaste, der sich als Marquis de Corban betittelte und am Münsterplatz zu finden war. Einst bettelte er eine Dame an, die ihn zurechtwies, mit dem Trinken aufzuhören. Hierauf soll er geantwortet haben:" Fräuche, ich bruuch jenge jouwe Roet va Üch, mer e paar Buusche vör ene Wachelter.

De Buuchping

Er verkündete überall, dass Alkohol Gift sei und er es vernichten (saufen) müsse, wo er das Gift antreffe, es sei denn, es wird als Medizin genommen. So klagte er ständig über Bauchschmerzen, wogegen er „Medizin" nehmen müsse, um innere Einreibungen vorzunehmen. Das brachte ihm den Namen „de Buuchping" ein.

Der Hassesieh

Er war nicht ganz richtig im Kopf und streunte dumm vor sich hin brammelnd durch die Straßen. Wenn er eine schöne Frau sah oder ein hübsches Mädchen, sagte er zu den vorbeigehenden Leuten: „hasse sieh"? Das brachte ihm seinen Spitznamen und den Spott der Kinder ein. Die riefen lachend hinter ihm her : „hasse sieh"?
Wehe, wenn er einen erwischte, dann setzt es eine Ohrfeige und er fragte: hasse fuuehlt"?

De Peck

De Peck war ein kleiner verwachsener Kerl, der als Kopfschlächter am alten Schlachthof (Lindenplatz) arbeitete. Zu seinem mächtigen Schnurbart sagten die Metzgerkollegen: de Schnauz hängt eraav, wie ene Strang Kompes!
In der Brusttasche seiner Schürze steckte eine immer gefüllte, flache Schnapsflasche, aus der er in kurzen Abständen einen tiefen Schluck nahm, der mit einem „hick" beendet wurde. Seine Sprache war kurz und abgehackt und manchmal kaum verständlich, worauf es hieß, De Peck die sprecht latin. Die Straßenkinder sangen ihm ein Spottlied:

De Peck, de Peck, de Peck
De Peck die hat der Schleck
Dat könt van all deä Branndewin
Dröm kann heä ouch esue jot Latin

De Suhs

Ein armer Blöder der immer ein dämliches Grinsen im Gesicht hatte. In einer Hand hielt er einen Spazierstock und in der anderen zog er ein Stück Kordel hinter sich her, so als ob ein Hund daran wäre. Ab und zu hob er die Kordel in die Luft und wollte sich dabei halb tot lachen.

Der Kiselsteän

Er wohnte in Kokerell und hatte, ähnlich wie „der Jadi", die Anwandlung, adelig zu sein und nannte sich gerne „Graf von Kieselstein"

Der Steärekicker

Er war in den Jahren nach dem zweiten Weltkrieg bekannt und lief gerne mit einem Stock als Tambour vor einem Trommel und Pfeifenkorps. Sein Schielen war so fürchterlich, dass man tatsächlich meinte, er schaue mit einem Auge zu den Sternen. Seine Wohnstätte war wahrscheinlich das Alexianerkloster.

Et flöete Pittche

Ein Zeitgenosse vom „Steärekicker" und möglicher Weise auch im Alexianerkloster wohnend, man traf ihn immer fröhlich und ein Liedchen pfeifend.

Et Pittche Knoof

Zog in den fünfziger Jahren nach dem zweiten Weltkrieg irgendwo durch Aachen ein Spielmannszug so konnte man vorweg immer eine skurrile Gestalt laufen sehen. Er spielte den Tambour und dirigierte die Musikgruppe. Die Kinder riefen ihm nach: „Pittche Knoof, stech der Fenger ejen Fott än louf"!

Der Mandele Leo

Er war wohl der letzte einer Zunft, die zwar nicht ausgestorben ist, die aber heute verächtlich als Penner bezeichnet und betrachtet werden.
Mandele Leo zog in einer blitzsauberen, weißen Bäckerjacke, mit einem ebenso weißen Käppi durch die Gaststätten Aachens und bot seine gebrannten Mandeln feil. Er war ein immer freundlicher und höflicher Mensch, der überall gern gesehen war. Man brauchte ihn auch nicht lange um eine kurze Rede zu bitten, die er in seiner unnachahmlichen, etwas antiquiert wirkenden Sprache hielt und die ihm jedes Mal den Applaus der Zuhörer einbrachte.

Noch mieh jecke Wiiefer

Wie schon erwähnt, waren es nicht nur Männer, und hier kann über eine weitere Schar berichtet werden.

Et Tuttelang än et Liß va Strang

Im Volksmund hieß es: et Tuttelang än et Liß va Strang, die sönt vör de janze Jaaß net bang. Bei den beiden handelte es sich um zwei Mannweiber, die vor nichts und vor keinem Angst hatten und die bei der kleinsten Unstimmigkeit die Fäuste fliegen ließen.

Et Poppe Schanettche

Ihren Namen verdankte sie dem Umstand, dass sie ständig mit einer „Hoddelepopp", einer aus Tuchflicken zusammengenähten Puppe auf dem Arm, umher lief.
Wasser, Seife und Kamm waren ihr, solange sie lebte, unbekannt geblieben. Der unvermeindlichen Kinderschar, die ihr folgte, rief sie zu: louf noeh heäm mich e paar
Hoddele hoele!

De Sösse Morr

Sie war nicht so ungepflegt wie Schanettchen, sondern ein „properes" Persönchen, die gegen ein kleines Entgelt für andere Sünder Bitt- und Bußgänge nach Moresnet, Kevelaer etc. erledigte. Bei diesen Gelegenheiten verkaufte sie für ein paar Pfennige Heiligenbildchen, die sie auch bei ihren Gängen durch die Stadt anbot.

Die weniger Bekannten

Es gab eine Unzahl von Jampetatsche, denen der Volsmund zwar einen Spitznamen gegeben hatte, über die aber nichts näheres bekannt ist. Trotzdem sollte man sie aufführen, damit auch sie nicht total vergessen werden.

De Mannslüh   *De Fraulüh*

Der stiefe Baas   De Pappmull
Der Welter met der Mitt   De Hex
Der Beschüttebüll   De Jongfer Hüppchens
Der Brööesel   De Mösch
Der Pottläffel   De Frau Lenze
Der Breärwellem   Et Jrettche Ülleküsch
De Bretzel   Et Broemele Fing
Der Stier   De Frau Muule
Der Pocke Henz   De Jongfer Struckmull
Et Röllche Schick   Et Tring Pohl
Der Höönepitt   De elef-Uhre Meiß
Der Böckem   Et Hann Pupdebar
Der Nieres   Et schwazz Jennemie
Der Freißklötsch   Et schwazz Micke
Der jecke Wellem   Et Kermesjenn
Der Hölze Trupp   Et jecke Rosing
Der jecke Emil   Et Liß met de Pütsch
Der Klompe Tiß   Mamsel Pirlapong
De Jeäß
Et Hölze Beän
De Mangel Ooelig
Der Puttes
Der flöete Wellem
Der Dingsda
De Nas

Noch miej Öcher Spröchwöed

Heä bekickt sich va benne
Er beschaut sich von innen, er schläft

Allemanns Frönd es jeddermanns Tuppes
Wer von allen der Freund sein will, ist für alle der Tölpel

Me kann ouch ene Bäer böschtele
Man kann auch alles übertreiben

Heä llöüft sich de Avsätz kromm än scheäf för e Jröschje ze verdenge
Er muss sich sehr anstrengen, um ein wenig zu verdienen

Wat der Heär avläht, dat kritt der Kneäht
Was der Herr ablegt, das bekommt der Knecht

Prost Mull, et köent atwier en Schull
Prost Mund, es kommt wieder Schwall

Dat hat en Plack ajjen Mull
Sie hat einen Herpes am Mund

Döm kenn ich va buuße än va benne
Den kenne ich von innen und von außen

Benoeh es noch lang net doe
Beinahe ist noch lange nicht da

Japp ens jeje ene Backovvend a, da siss de weä de jrüeßer Mull hat
Gähne nicht gegen einen Backofen, denn der hat das größere Maul. sinngemäß gegen eine Behörde oder gegen einen Stärkeren kommt man nicht an

Dat hat de sich beij der Düvel jebicht
Das hat er beim Teufel gebeichtet, sinngemäß : er ist an den Falschen geraten

An die Fuuß kanste ens rüüche
An dieser Faust kannst du mal riechen

Wenn Strongs Meeß weäd, well e jefahre weäde
Wenn Kot Mist wird, will er gefahren werden, sinngemäß : wenn ein Kleiner groß wird, möchte er geachtet werden, wird er eingebildet

Heä klagt met jesong Beän
Er klagt mit gesunden Gliedern, sinngemäß : er untertreibt bei seinem Hab und Gut

En et Auerdoom liere de Mensche et Knosche
Im Alter lernen die Menschen das Nörgeln

Mä jeng Angs, saat der Hahn a der Reänworm, än du schlecket heä em erav
Nur keine Angst, sagte der Hahn zum Regenwurm und schluckte ihn hinunter

Dat Kenk hat de Bejoefheite
Das Kind hat die Krämpfe (Epilepsie)

Heä peckt an et Eiße, wie en Mösch an ene Peädsköttel
Er pickt in seinem Essen, wie ein Spatz am Pferdeapfel, sinngemäß : er stochert im Essen herum, weil es nicht nach seinen Wünschen ist

Fengerping sönt Hazzping
Fingerschmerzen sind Herzschmerzen, sinngemäß : da in den Fingern viele Nerven zusammen laufen, sind Verletzungen an den Fingern besonders schmerzhaft

Hoel der Wäisch eren, söns kritt heä Beän
Hol die Wäsche rein, sonst bekommt sie Beine. Aus der Zeit, als noch viel fahrendes Volk unterwegs war und alles, was frei herumstand oder hing, nicht sicher war

Jedder Daag steäht ene Domme op än jöild et
Jeden Tag steht ein Dummer auf und kauft etwas, sinngemäß : man kann alles verkaufen, man muss nur genug Geduld haben.

Beister schleäht jefahre, wie jot jejange
Besser schlecht gefahren als gut gegangen

Beij et kriesche weäd de Siiel jewäische
Beim weinen wird die Seele gewaschen

Jeddes Pöttche fengt si Deckelche
Jedes Töpfchen findet sein Deckelchen

Wenn deä a Marschierpoetz neßt, da sage se a Ponkpoetz Jott seän dich
Wenn der am Marschiertor nießt, sagt man am Ponttor Gesundheit, er nießt laut

Kömmer dich net öm anger Lüts Komkommere
Kümmere dich nicht um die Angelegenheiten anderer Leute

Die Aue hant ene Beär för ene Wouf jehaue
Die Alten haben noch einen Bären für einen Wolf gehalten

Heä es an ene Bereg akomme
Er steht von einem Berg, es geht nicht mehr weiter

För Beregmanns Kouh än Beregmanns Wiin sönt angere sich ze fiin
Für eine Bergmanns Kuh (Ziege) und Bergmanns Wein (Fusel) sind andere sich zu fein

Heä kritt sich va Zitt ze Zitt e Schnüffje
Er nimmt sich von Zeit zu Zeit eine Priese Schnupftabak

Dat es nüüs, wat bei et fummele jrüeßer weäd
Das wird nicht vom befummeln größer, wenn man am Gemüsestand eines Marktweibes alles (besonders Gurken) prüfend anfasst

Deä kritt ens e Fuehr avjetrocke
Der bekommt ein Futter abgezogen, er ist zu dick

Leäver en kleng Keäz die brennt, äls en jrueße die mer schwaamt
Lieber eine kleine Kerze die brennt, als eine große, die nur qualmt

Wenn et op der Heär reänt, da dröppt et op der Köster
Wenn es auf Gott regnet, dann tropft es auf den Küster

Der Buur sitt et jedden Daag, der Können sitt et selde, ose Herrjott sitt et nie
Der Bauer sieht es jeden Tag, der König sieht es selten, Gott sieht es nie, nämlich seines gleichen

Et kann net heäßer wie kauche
Es kann nicht heißer werden, als kochen

Weä Vöjjel fange well, moß heusch due
Wer Vögel fangen will muß leise sein

Wat mer net hevve kann, dat moß mer lijje losse
Was man nicht heben kann, das muß man liegen lassen

Op mänich Huus steäht de Hippethiek iieder wie et Daach
Auf manchem Haus steht eher eine Hypothek als das Dach

Jrueße Heäre hant jrueße Affäre
Große Herren haben auch große Affären

Deä hat ose Herrjott open Leppe än der Düvel ejje Liiv
Er hat Gott auf den Lippen, aber den Teufel im Leib

Wenn der Jlanz uus de Jardinge es, da sönd et mer noch Hoddele
Wenn der Glanz aus den Gardinen ist, dann sind es nur noch Lumpen

Et es ejal wie der Flam heäscht, houpsaach e schmaat jot
Es ist egal wie der Kuchen heißt, Hauptsache er schmeckt gut

Et weäd nüüß esu heäß jeiße, wie et jekaucht weäd
Es wird nichts so heiß gegessen, wie es gekocht wird

Jong Hexe än au Bejinge, die brenge dich an et jringe
Junge Hexen und alte Betschwestern, die bringen dich zum weinen

Wenn et schlemm weäd, driehne vür e Höddelche dröm
Wenn es schlimm wird, dann kommt ein Verbändchen drum

Dat es en Höitschüll van ene Keäl
Das ist ein Schweinekopf (Dummkopf) von einem Kerl

Hong än Onjehubbelde, die maache de Döre net henger sich zou
Hunde und Ungehobelte, die machen die Türe nicht hinter sich zu

Et Huus verlüßt nüüß
Das Haus verliert nichts (was im Haus verloren wurde das findet sich wieder)

Et es wennestens jot för de Wanze, saat d'r Mann, wie höm et Huus avbrankt
Es ist wenigstens gut für die Wanzen, sagte der Mann, als ihm das Haus abbrannte

Eng Hölp es de anger weät
Die eine Hilfe ist die Gegenhilfe wert

Nöi Beißeme kehre jot, ävvel se feäje de Hucke net uus
Neue Besen kehren gut, aber sie fegen die Ecken nicht aus

Deä deäht mich jet ajjen Hüf
Der tut mir etwas an den Verstand

Mänech jrueß Huus hat mer e kleng Höffje
Manches große Haus hat nur einen kleinen Hof

Deä köent jejange met Hot, Steck än Reng, wie ene Poehhahn
Der kommt gegangen mit Hut, Stock und Ringen, wie ein Pfau

Heä mengt heä wör ene Bereg, än es mer ene Hövvel
Er meint, er wäre ein Berg, und ist nur ein Hügel

Et jet nüß hoffeädijeres wie en Jrueß met der iieschte Enkel
Es gibt nichts hochmütigeres als eine Großmutter mit ihrem ersten Enkel

Zom Jlöck hant Flüeh jeng Hofisere, söns trüene se dich ejjene Püß kapott
Zum Glück haben Flöhe keine Hufeisen, sonst würden sie dich im Bett tottreten

Streng Heäre rejiere net lang
Strenge Herren regieren nicht lange

Herrjott döich der Kran zou, bei höm löift et dörch
Lieber Gott dreh den Hahn zu, bei ihm/ihr läuft es durch, er/sie weint Freudentränen

Et jet net jenog Heu, för alle Eäsele de Mull ze stoppe
Es gibt nicht genug Heu, um alles Eseln das Maul zu stopfen

Et es liieter en Schull Heuspröng ze verwahre, wie e jong Frömmesch
Es ist leichter einen Haufen Heuschrecken zu hüten, als ein junges Mädchen

Deä hat ene Hau met Matthis Beiele
Er hat einen Schlag mit dem Beil von St. Matthias (er ist verrückt)

Höi dich vör ene Rue, de es va Jott jezeächnet
Hüte dich vor einem Rothaarigen, der ist von Gott gezeichnet

Ich höi noch ens jeär en Bottram met Höitkies
Ich hätte noch einmal gerne ein Butterbrot mit einfacher Sülze

Weä met ene Honk schloffe jeäht, deä steäht met Flüeh op
Wer mit einem Hund schlafen geht, der steht mit Flöhen auf (wer sich mit schlechten Menschen umgibt, der nimmt Schaden)

Weä sich jenge Honk haue kan, deä sall sich e Höngche krijje
Wer keinen Hund halten kann, der soll ein Hündchen nehmen

E lues Honn leägt net alle Eier e eä Neiß
Ein kluges Huhn legt nicht alle Eier in ein Nest (man soll nicht alles auf eine Karte setzen)

En jou Bei hooelt ouch uus en Destel Hooeneg
Eine gute Biene holt auch aus einer Distel Honig (man kann auch aus wenig etwas machen)

Krolle Hoere krolle Senn
Lockiges Haar, lockige Launen

Jetz hat dat et Hazz av
Jetzt hat sie das Herz ab (sie kann nicht mehr, sie ist fertig)

Entweder der Hoß lät sich, of ich leäg mich
Entweder der Husten legt sich oder ich lege mich

Minge Nonk Fonk uus Ponk singe Honk, döm sing Konk es wonk, va all deä Kaffiejronk döm minge Nonk Fonk uus Ponk singe Honk dronk
Das ist nicht verständlich zu übersetzen

Kompes vör der Jank, Eäze vör der Klank
Sauerkraut für den „Gang" (zum Klo) und Erbsen für den Klang (Blähung)

Der Hömmel es bloe än der Mostert es jeäl, än weä dat net sieh kann deä es scheäl
Der Himmel ist blau und der Senf ist gelb und wer das nicht sehen kann ist blind

Deä hat jet ejjene Hövvel
Der hat etwas in seinem Hügel (Kopf), er ist eingebildet

Deä höit eren wie ene Schüredreischer
Der haut rein (beim Essen) wie ein Dreschknecht

Jev enge hü en Kouh än morje e Peäd än övvermorje janüüß, da Hass de ävvevöl Dank
Gib einem heute eine Kuh und morgen ein Pferd und übermorgen gar nichts, dann hast du eben viel Dank

Wenn der Kneäht riich weäd än der Heär ärem, da doue se allebeids net
Wenn der Knecht reich wird und der Herr arm, dann taugen sie beide nicht

Bei et Heue än bei et Freie, darf et net reäne
Bei der Heuernte und beim freien darf es nicht regnen

Wenn dat Höngche mer jeng Flüeh kritt
Wenn das Hündchen nur keine Flöhe bekommt (wenn das nur kein böses Nachspiel hat)

Dat hat heä vör de Fott jeklascht
Das hat er vor dem Hintern gehauen, das ist schlechte Arbeit

Het hat Sammet än Sij ajje Liiv, ävvel es va Honger stiif
Sie hat Samt am Körper, aber sie leidet Hunger

Deä steäht doe wie ene Honk en e Späl Kejjele
Der steht da wie ein Hund zwischen den Kegeln

Wat der Hahn zesame kratzt, dat schrabbe de Honnder wier usereä
Was der Hahn zusammenkratzt, das scharren die Hühner wieder auseinander

Höm hant se e de Hore Trappe jeschneä
Man hat seine Haare in Treppen geschnitten (ein schlechter Friseur)

Woe löift de Hot met deä Mann hen
Wo läuft der Hut mit dem Mann hin (ein sehr kleiner Mann)

De Houpwaach van de Stadtzaldate loeg onge en et Roethuus
Die Hauptwache der Stadtsoldaten (Pennsoldaten) lag unten im Rathaus

Me moß net huehder flüjje welle, wie enge de Flöjele jewahße sönd
Man muß nicht höher fliegen wollen, als einem die Flügel gewachsen sind

Va hüresage komme de Löje en de Welt
Vom hören- sagen kommen die Lügen in die Welt

Weä Heär es, deä kann due wat e well
Wer Herr ist, der kann machen was er will

För höngerije Lü es et lieht ze kauche
Für hungrige Menschen ist es leicht zu kochen

Deä es selvs der Düvel ze schleäht, söns hei heä döm at lang jehoelt
Der ist selbst dem Teufel zu schlecht, sonst hätte er ihn schon lange geholt

Deä hat mieh Schölde, wie hore oppene Kopp
Der hat mehr Schulden, als Haare auf dem Kopf

Ene Hörberichsrock ajje Liiv, e Strüehkaschott op der Kopp, än Hore op de Zäng, dat es e Öcher Maatwiiv
Ein grober schwarz-roter Flanellrock, eine Strohschute auf dem Kopf und Haare auf den Zähnen, das ist ein Aachener Marktweib

Jedder Honk hat a sing Hött et sage
Jeder Hund hat an seiner Hütte das Sagen

Du hass wal Mösche onger de Kapp
Du hast wohl Spatzen unter der Mütze (wenn jemand seinen Hut/Mütze nicht zieht)

Woe e ooet Wiief Houpmann es, doe es der Düvel mer Fähndrich
Wo ein altes Weib Hauptmann ist, da ist der Teufel nur Fähnrich

Hü weäds de jepütscht än jeleckt, än morje kriss de se met der Steck
Heute wirst du geküsst und geleckt und morgen schlägt man dich mit dem Stock

Met nüüß kam e net huuse
Mit nichts kann man nicht haushalten

Jong Heäre weäde döx au Beddeler
Junge Herren werden oft alte Bettler

Heä es ene Kuraschierde
Er ist ein Mutiger

Köns de övver der Honk, da köns de ouch övver der Statz
Kommst du über den Hund, dann kommst du auch über den Schwanz

En Quiesel hat Hooen ajjen Kneie van et beäne
Eine Betjungfer hat Horn an den Knien vom beten

Heä hat e Hor ejjen Zupp fonge
Er hat ein Haar in der Suppe gefunden

Met völ könt me uus, met wenig moß me huushalde
Mit viel kommt man aus, mit wenig muss man haushalten

Wenn dat de Musik hüet, da hat et Hummele ejjen Boks
Wenn sie die Musik hört, dann hat sie Hummeln in der Hose

Heä hat Loß op Werke, wie ene Honk op der Küll
Er hat Lust auf arbeiten, wie ein Hund auf den Stock

Ene aue Wouf verlüst sing Hore ävvel net sing au Krämp
Ein alter Wolf verliert seine Haare, aber nicht seine alte Gewohnheit

Heä hat der Hot op hauver Ellef stoeh
Er hat den Hut auf halb elf stehen (der Hut sitzt schief)

Huech Heäre losse jeär op sich wade
Hohe Herren lassen gerne auf sich warten

Jot hüere kann heä schleät, ävvel schleät sieh kann heä jot
Gut hören kann er schlecht, aber schlecht sehen kann er gut

Woe es dat? Ömmer de Naß noe, de Fott könt van alleng noe
Wo ist das? >Immer der Nase nach, der Hintern kommt von alleine nach

Heä steäht et sich va Huus uus jot
Er steht sich von Haus aus gut (er hat von zu Haus Vermögen)

Vabuuße ene Stroeßeengel än vabenne ene Huusdüvel
Von draußen ein Straßenengel, von innen ein Hausteufel

Ich eiß jeä drüch Brued, ich zopp et mich
Ich esse kein trockenes Brot, ich tunke es

Hü jet et ene heäße Daag, saat de Hex, än du woed se verbrankt
Heute wird es ein heißer Tag, sagte die Hexe, da wurde sie verbrannt

Dat es jehoue wie jepisselt
Das ist gehauen wie geschlagen (das ist Pott wie Deckel)

Heä let Herrjotts Wasser övver Herrjott Leähm loufe
Er lässt Gottes Wasser über Gottes Lehm laufen (er ist gleichgültig)

Me fängt jau ene Küll, wenn me ene Honk schloe well
Man findet schnell einen Stock, wenn man einen Hund schlagen will

Döm es et Knei dörch jen Hore jewahße
Dem ist das Knie durch die Haare gewachsen (er hat eine Glatze)

Hei hat met Herrjotts Forschett jeäße
Er hat mit Gottes Gabel gegessen (mit den Fingern)

Nachts muss ein ängstlicher Mann auf dem Hof das Herzhäuschen aufsuchen. Seine Frau begleitet ihn und es entwickelt sich folgendes Gespräch:
Frau : et es steärekloer! > Mann : sönt Heäre doe? >Frau : kack Mann Mann : ach Mann? >Frau : du Döppe! >Mann : met Knöppele?
In etwa übersetzt : Es ist sternenklar! >Sind Herren da?>Mach Mann ! Acht Mann? > Du Tölpel ! > Mit Knüppel?

Iehr ömmer de au Lü, denn du weäds wat sei sönd
Ehre immer die alten Menschen, denn du wirst einmal was sie sind

Zou iehrlich es domm
Zu ehrlich ist dumm

Weä Freusch well weäde, moß iesch ens Kuelekopp siie
Wer Frosch werden will, muss zuerst einmal Kaulquappe werden

Weä de Dooehter troue well moß iesch de Modder freie
Wer die Tochter heiraten will, muss zuerst die Mutter freien (muss sich zuerst mit der Mutter gut halten)

Ene onjelade Jaaß es selde jeär jesieh
Ein ungeladener Gast ist selten gerne gesehen

Ene selde Jaaß es jeär jesieh
Ein seltener Gast ist gerne gesehen

Et es ene rue Jade, met ene wisse Zuun, doe reänt et net dren, än et schnejt net dren, än es doch ömmer naaß dren. Wat es dat (der Monk)
Es ist ein roter Garten mit einem weißen Zaun, da regnet es nicht rein, da schneit es nicht rein und es ist doch immer nass darin. Was ist das? (der Mund)

Et weäd nörjens esu völ jeloge wie op ene Duedezeddel
Es wird nirgends soviel gelogen, wie auf einem Totenzettel

Dat deät enge de Jall baschte
Die kann einen ärgern bis die Galle überläuft

Deä könt net ejen Jäng
Der kommt nicht in die Gänge, er ist zu langsam

Met dem han ich jet ajjen Jäng
Mit dem habe ich etwas im Gang, der tut mir etwas an den Verstand

Flott jedooe än jot jedooe, dat sall schleät zesame jooeh
Schnell gemacht und gut gemacht, das passt schlecht zusammen

Tereck jeholpe es dubbel jeholpe
Sofort geholfen ist doppelt geholfen

Ejjebeldt es noch lang net jebeldt
Eingebildet ist noch lange nicht gebildet

Wat nötzt enge e jot Jebëß, wenn me nüs ze biiße hat
Was nützt ein gutes Gebiss, wenn man nichts zu beißen hat

E kott Jebett än en lang Wooesch, dat han ich et leivste
Ein kurzes Gebet und eine lange Wurst, das habe ich am liebsten

Heä hat jet ajjen Föß
Er hat etwas an den Füßen, er ist gut betucht, hat Geld

Heä hat e Ellef-Trappe-Jesech
Man zählte elf Treppen am Aufgang zum Rathaus und wer dort hin musste, dem blühte selten etwas Gutes. Wer also ein Elf-Treppen-Gesicht machte, der machte eine Mine, als käme er vom Rathaus

Wat vör de Ärme en Delikatess es, dat jäve de Riiche de Ferkens
Was für die Armen eine Delikatesse ist, das geben die Reichen den Schweinen

Nöttere Spoi heält jot
Die morgentliche, nüchterne Spucke heilt gut (weil sie viel Jod enthält)

Deä spoit net dren
Der spuckt nicht hinein (er lässt keinen Alkohol stehen)

Dat kann va luuter Jestüüts net mieh jraduus kicke
Sie kann vor lauter Angeberei nicht mehr geradeaus blicken

Die Zweij könne sich de Hank jevve bes ajjen Elleböeg
Die beiden können sich die Hände geben bis zu den Ellenbogen (sie haben den gleichen Charakter)

Die hant e verkiehrt Jesangboch
Die haben ein verkehrtes Gesangbuch (keine Katholiken sondern Protestanten)

Deä hat sich ävvel ens fis en der Fenger jeschneä
Der hat sich aber mächtig in den Finger geschnitten (er hat sich schwer vertan)

De Trou brengt en Bütt vol Ärjer än e Fengerhöttche vol Freud
Die Heirat bringt eine Wanne voll Ärger und einen Fingerhut voll Freude

Deä hat ene Knubbel onger singe Stüpp
Der hat einen Knoten unter der Jacke (er hat einen Buckel)

En Kroddel es e schönn Dier, wenn se enge jefällt
Eine Kröte ist ein schönes Tier, wenn sie einem gefällt

Än da oeße vür de Eäze uus de Lööete
Und dann aßen wir die Erbsen aus den Schalen (alter Liedtext)

Dat hat e Jefrïeß, do kans de ene Honk met verschrecke
Die hat ein Gesicht, damit kann man einen Hund erschrecken

Dem deät et Jehiien at wieh van et denke
Dem schmerzt der Kopf schon, wenn er denkt

Mer bruucht e Jehiien för ze denke
Man braucht ein Gehirn zum denken

Dat sal dem wahl noch ens opröppsche
Das soll ihm wohl noch einmal aufstoßen (leid tun)

Heä maht e Jesech, wie sövve Dag Reänweär
Er macht ein Gesicht wie sieben Tage Regenwetter

Deä speält Vijjeling, äls wöer heä en Katz an et qäele
Er spielt die Geige, als würde er eine Katze quälen

Öcher Platt es e jrueß Jesöemels va völ anger Sproche, doröm es et ouch esu schwoer ze verstoeh
Aachener Platt ist eine große Sammlung von fremden Sprachen, darum ist es auch so schwer zu verstehen

Heä hat ävvel schwor jelane. Heä hat se pafe.
Er hat schwer geladen, er hat zugeschlagen (er ist betrunken)

Weä si Jeld jeär flüjje sitt, deä es et beij Duvve än Beie quitt
Wer sein Geld gern fliegen sieht, der gibt es an Tauben oder Bienen aus.

Et Jeld maht Fleddije schönn, Domme lues än Klenge jrueß
Geld macht hässliche schön, dumme klug und kleine groß

Et es mänich verkieht ejjen Welt, der enge hat der Büll än der angere hat et Jeld
Es ist manches verkehrt in der Welt, der eine hat den Beutel und der andere hat das Geld

Vür bruuche jeä Keäzelet vöz ze lüüete, denn vür hant jeng Buusche vör ze zälle
Wir brauchen kein Kerzenlicht zum leuchten, denn wir haben kein Geld zum zählen

Ov du iehremann bes oder Deiv, wenn de Fennige has, hat mer dich leiv
Ob du Ehrenmann bist oder Dieb, wenn du Geld hast, hat man dich lieb

Jeär duet leävt lang
Gerne tot lebt lange (wem man den Tod wünscht, der lebt lange)

Ene jrueße Heär wad net jeär
Ein großer Herrn wartet nicht gerne

Ich han döm esu jeär wie Buuchping
Ich habe den so gerne wie Bauchschmerzen

Dat es mer Knauch, Fell än Fottlauch
Sie ist nur Knochen, Fell und Hintern (sie ist sehr dünn)

Et es jenge esu kleng, dat e net noch ene Klengere föng
Es ist keiner so klein, dass er nicht noch einen Kleineren finden würde (ein Geringer findet immer noch einen Geringeren)

Es dich de Melech suur woede?
Ist dir die Milch sauer geworden (er macht ein griesgrämiges Gesicht)

Me moß de Oue de Kauß jevve
Man muss den Augen die Kost geben (man muss aufpassen, acht geben)

Heä litt noch ejjene Püss. Heä hat der Püss kreäje
Püss (franz.Puce)=Floh. Da in den Strohsäcken (Betten) Kompanien von Flöhen hausten, nannte man das Bett einfach „Püss" also lautet die Übersetzung : er liegt noch im Bett. Der zweite Satz lautet : er hat die Papiere bekommen, er ist entlassen worden

Et es net miej dat
Es ist nicht mehr „das" (es ist nicht mehr wie früher): aus der Pegasusrede von Richard Wollgarten

Ene schönne Jëvvel ziert et Huus
Ein schöner Giebel (Nase) ziert das Haus

Jajoe, met Jewalt
Ja mit Gewalt (wenn jemand mit Geschick eine Aufgabe löst)

Deä es va kenk aa an en Bubbel jeweähnt
Der ist von Kind an an die Flasche gewöhnt (er trinkt gerne einen)

Dat jiffelt at för ene Fozz
Die kichert schon für einen Pups (ist einfältig)

Dat es ene jlatte Jrosche
Das ist ein glatter Groschen (er ist mit allen Wassern gewaschen)

Ich ben net dinges Jliische
Ich bin nicht Deinesgleichen (Du stehst nicht mit mir auf einer Stufe)

Jliische Brür, jliische Kappe
Gleiche Brüder, gleiche Kappen (Ausspruch von Freiherr von Czettritz, aber auch von Mönchen überliefert)

Luese jlöive wenig, Domme jlöive alles
Kluge glauben wenig, Dumme glauben alles

Jlöiv net alles wats de hüets, än sag net alles, wats de weäß
Glaube nicht alles was du hörst und sage nicht alles was du weißt

Heä jöbbelet sich de Siiel us je Liiv
Er erbrach sich die Seele aus dem Leib

Doe hat heä jeng Küüt för
Da hat er keinen Mut zu (Küüt, eigentlich Rogen beim Hering)

Dat es der Schnie va vörrig Johr
Das ist der Schnee vom vorigen Jahr, ist etwas altes

Du kriss e jölde Nüüßje än e selvere wat e kitzje
Du bekommst ein goldenes Nichts und ein silbernes warte ein bisschen

Doe hat deä sich en jölde Nas met verdengt
Da hat er sich eine goldene Nase mit verdient, hat ein gutes Geschäft gemacht

Mänich moel moß mer denke wie Joldschmëdsjong
Manchmal muss man denken wie „Goldschmitz-Junge"(wie Götz von Berlichingen)

Ose Herrjott hau Hömmel än Eäd erschaffe än ouch de Mensche. Du verdeilet heä de Sproeche : jriechisch, latin, chinesisch än esu wier. Wie du nüüß mieh övverig bleäht froerete de Öcher, än vür?"
O jömmich sät der Heär, üch han ich janz verjeiße, wat maache vür da nu? Ich han en Idee, weäßt ür wat, spreicht esu wie ich. Än esu koem et Öcher Platt noe Oche.
Gott hatte Himmel und Erde erschaffen und auch die Menschen. Da verteilte er die Sprachen: griechisch, latein, chinesisch usw. Als dann nichts mehr übrig war, fragten die Aachener: und wir? Oh herrje, sprach der Herr, euch habe ich ganz vergessen, was machen wir denn nun? Ich habe eine Idee, wisst ihr was, sprecht so wie ich. Und so kam das Aachener Platt nach Aachen.

Zwei Jonge än zwei Hong jöhnt selde onjebrüit langseä
Zwei Jungen und zwei Hunde können selten ohne Streit aneinander vorbeigehen

Enge Jong bei völ Mäddchere, dat es ene Könnek, ävvel e Mäddche bei völ Jonge, dat es en Mad
Ein Junge bei vielen Mädchen, das ist ein König, aber ein Mädchen bei vielen Jungen, das ist eine Magd

De Aue höifen et aa än de Jonge jevven et uus
Die Alten häufen es an, die Jungen geben es aus

Die Ping, die jönn ich net minge äregste Fejnd
Diese Schmerzen gönne ich nicht meinem ärgsten Feind

Nu hant vür der Reän
Nun haben wir den Regen, den Schlamassel, den Ärger

Krankheäte än Ping komme ze Peäd än jöhnt ze Foß
Krankheiten und Schmerzen kommen zu Pferd und gehen zu Fuß

Heä hat mer ene Jrosche ejjen Teisch, än maht för ene Daler Behäij
Er hat nur einen Groschen in der Tasche, aber er macht für einen Taler Aufsehen

Völ lant mer op en Kar
Viel ladet man auf eine Karre (es wurde zuviel verlangt)

Ist das nicht fein, Kehrmann zu sein, moß mer sich böcke än Peädsköttele söcke
Ein Kinderlied, das dem Straßenfeger nachgesungen wurde: ist das nicht fein, Kehrmann zu sein, muss man sich bücken, um Pferdeäpfel aufzusuchen

Et es häm jet en der verkierde Strauß komme
Es ist ihm etwas in die falsche Kehle gekommen, kann heißen; er hat sich verschluckt oder er hat etwas missverstanden

Heä hat ene Jrömmel ejjen Trööet
Er hat einen Krümel im Hals, hat sich verschluckt oder spricht heiser

Wenn enge Jlöck hat, da kauft esujar der Ooehß, än wenn enge jeä Jöck hat, da kauft noch net ens de Kouh
Wenn jemand Glück hat, dann kalbt sogar der Ochse und wenn jemand kein Glück hat, dann kalbt noch nicht mal die Kuh

Me hürt völ Nöits ävvel selde jet Jots
Man hört viel Neues, aber selten etwas Gutes

Eng schleäte Mull kan mieh versoue äls hondert joue jot maache könne
Ein bösartiger Mund kann mehr Schaden anrichten, als hundert Ehrliche gut machen können

Jott seän dich met hondertdusend Daler. Än dich, dat de se mich weähsele kans
Wenn jemand nießt sagt man : Gott segne dich mit hunderttausend Taler. Die Antwort lautet dann : und dich, dass du sie mir wechseln kannst

Ene Douv kans de völ verzälle
Einem Tauben kann man viel erzählen

Dat hau ich mich jedaht, dat dat Deng noe Ströngsje schmaht
Das hatte ich mir gedacht, dass das Ding nach Kot schmeckt. An der Sache ist etwas faul

Met merssi kritt mer de Honder net satt
Nur mit Dankeschön bekommt man die Hühner nicht satt

Zwei klenge maache eä Jrueßt, än zwei Wennije eä völ
Zwei Kleine machen ein Großes und zwei Wenige ein Viel

Weä ejjen Höll es moß met der Düvel kaate
Wer in der Hölle ist, der muss mit dem Teufel karten

Heä es van et Jooehn av
Er ist vom „Gehen" ab, er liegt und ist schwer krank

Kleng Keißele hant jrueße Uhre
Kleine Kessel haben große Henkel, kleine Kinder haben große Ohren

Et kackt noch mänich Vöjjelche, wat nu noch jeä Föttche hat
es wird noch manches Vögelchen kacken, das heute noch kein Popöchen hat

Wat kaust et Stadthuus?
Was kostet das Rathaus oder was kostet die Welt, sagt der Angeber

De Engele sönd an et kejjele
Die Engel kegeln, es donnert

De Engelchere backe Plätzjere
Die Engelchen backen Plätzchen, wenn in der Vorweihnachtszeit das Abendrot leuchtet

Met haue schleät mer enge Düvel uus e Kenk, ävvel mer schleät zeng dren
Mit Schlägen haut man einen Teufel aus einem Kind, aber man schlägt zehn hinein

De Jonge kenne alles beister, ävvel de Aue mache alles beister
Die Jungen kennen alles besser, aber die Alten machen alles besser

Die Marseillaise op Öcher Platt

Die napoleonische Besatzung erfreute sich in Aachen natürlich nicht besonders großer Beliebtheit. Die Aachener hatten auf die Melodie der Marseillaise einen Spotvers gedichtet :

**Ühr Halonke, schleähte Prijje,
Kanaljepack en Schelmevieh
ühr ärm Zittejängs*
ühr Lompebataliongs
ühr Hong, ühr Hong,
söd net mieh weät, wie der Dreck ajjen Schong**
* Schimpfwort für die Besatzungsfranzosen

Die Franzosen, die den Text Gott sei Dank nicht verstanden, freuten sich jedes Mal, wenn sie Ihre Nationalhymne hörten.

Ich jlöiv et es höm net jot
Ich glaube, es ist ihm nicht gut, er ist nicht gut drauf

Döm sing Oue sönt jrueßer wie der Mag
Seine Augen sind größer als sein Magen, er hat sich mehr auf den Teller gepackt, als er essen kann

Weä werkt deä werkt, weä beänt deä beänt ävvel der Fresser schlooen ich duet
Wer arbeitet, der arbeite, wer betet, der bete, aber den Fresser schlag ich tot. Damit meinten die Leute den Blitz

De Kaate än de Kann sönd et Onjlöck för mäniche Mann
Das Kartenspiel und die Kanne (mit Wein oder Bier) sind das Unglück für manchen Mann

Dat es ene Keäl wie e Stöck Bruet
Das ist ein Kerl, wie ein Stück Brot, er ist gutmütig

Uus kleng Keäne könne jrueße Böim weäde
Aus kleinen Kernen können große Bäume werden

Ming Kenger än ding Kenger hant os Kenger jehoue
Meine Kinder und deine Kinder haben unsere Kinder geschlagen, sagt ein Ehepartner zum anderen, wenn sie gemeinsame Kinder haben und noch welche aus früheren Ehen

Haste ajje Mönster jestange?
Hast du am Dom gestanden? Fragt man jemanden der mit sehr viel Kleingeld bezahlt

Wenn et reänt än de Sonn schingt, da hat der Düvel Kërmes
Wenn es regnet und die Sonne scheint sagt man : der Teufel hat Kirmes

Verdeng dich ens jet en eng Hank än kack ens en die anger, da kickst de woe de et meätste Hass
Leg in einer Hand das was du verdient hast und leg in die anderen Hand einen Haufen, dann kannst du sehen wo du mehr drin hast

Et jeäht nüüß övver e jot Köppche Kaffie
Es geht nichts über ein gutes Kännchen Kaffee

Ose koffere Kaffiepott hat an der Töndel ene Blötsch
Unsere Kupferne Kaffeekanne hat am Ausguss eine Delle. Das sagt man gerne einem Auswärtigen, weil der das kaum verstehen kann

Rümsele

Et Öcher Bronnewasser

Dejp onge bei der Krippekratz
doe stong en jrueße hölze Büdd,
woe dren hei zoppet singe Statz
ov selevs sich, van Zitt ze Zitt.

Wenn häe der Pansch voll Schwäefel hau
än ouch noch schläete Senn,
da soech mer häm stije bau
wal noeh die Büdd ereen.

Heij föihlet häe sich baschtig jot
än schrubbet sich van alle Sijje
dobeij woet häm et Fell ze kott
än häe leiß enge flüjje.

Ujömmich, zapperdejjes näe,
dat joev e donnere, broddele, bäeve,
die Büdd, die breichet usereä
dat es net övverdräeve.

Dat Wasser platschet dörch sing Bud,
et hau en rechtig jeftije Klüer,
der Düvel pompet et jau futt,
uus Angs wal öm si Füür.

Sue koem et Wasser uus de Eäd,
än woer noch baschtig häeß,
bes hü et jäer jenomme wäed,
för Reuma, wie mehr wäeß.

Vür Öcher os dren biehne döent,
de Fremde döent et drenke
die wesse jo net wovaan dat köent,
dat jottserbäermlisch stenke.

Mer, vanaa vür Öcher woßte
dat os dat Bronnewasser notzt
saate vür, d'r Düvel dong dren hoste
dat jenge sätt, häe hei jefozzt!

Hymne an de au Käiserstadt

Als Peterstroeß noch woer en Jaaß
än Kenk leife met en kuute Nas
du joev et noch en Kompes- än Bonnebahr
än op de Stroeße Peäd än Kaar
än Mösche op die Peäd hön Köttele
isere Bedder än dorechjeseiße Pröttele

Mer hau kleng Dierchere opene Sack,
för de Nas doe woer der Schottelplack
Keäze än ouch Petroliumsfunzele
än au Mödderchere met dusend Runzele
Der Nieres, der Feries än et Schängche,
suete Selverpapier för e Negerkenche.

Me kant de jroe Netta, än de Separatiste
än der Schalmeizog va de Kommeniste.
De Steänstroeß wor för Kenk verboeh
doe sog mer nämmelich Fraulüh stoeh
die et Siieleheil va mänche Mann
jriefete empfendlich an.

Et Bronnewasser koem een en Zing,
doerei bienet der Klös, der Jupp än et Fing
bei der Leiste hau de Mamm at Möih
döm reng ze krijje een die Bröi
Mer der Papp, deä stiejet met joue Senn
ömmer als ieschter een die Büdd eren.

Der Klaav deä woed noch jrueß jeschräeve,
mer verzahlt sich wat der Schang jedreäve,
weä alles soeß ejjen Vieling
än et nöiste Küddelche van et Tring.
Mer kant et Klöstersche ejjen Allee
än et Jejendeäl op Moulenshöh.

Een Rechtung Vols jäng me poussiere
de schazze Breär hielt me en Iehre
Me jäng op dörech jeloofe Soehle
e Moresse de Botter hoele
än dann met e wöstich Bromme
kroeg me se wier afjenomme.

Et joev Ratteplang än Muckemöeler
Korsetts met Stäbchere, Kamisöeler
der suufe Peck, de au Katzau
än dusend Flüeh op enge Wauwau.
Drüch Bruet, met ene Klätsch Majerien,
enkel Fennige, nie ene Schien.

E Köppelche woer net allze düer,
dorbei dronk me Lajerbier,
Prummeflaam än Appeltaat,
hau de Mamm et Sondes paraat,
die anger Daag dann va de Weisch
koem Panhas än Kompes op der Dösch.

Woer me ouch ärem, me hielt zesaame
än joev sich ouch de schönste Naame,
Der Stop, der Knubbel, de au Schalmei
der lenke Puet, de suufe Krei,
ävvel ouch der Knies. deä woer net selde
da huet mer op de Stroeß se schelde:

Fleddije Kopp än aue Zewier,
Oileslömmel än welde Stier,
du Mullejahn, du Bahrekopp,
du has Hoere wie ene Bohnermopp
Du Hongerliejer, du Lühtsbedrüjer,
du Pittemann, du Eäselsrijjer.

Wat worpe sei sich an de Köpp
du Karebenger, du fiese Möpp
ich moß schwijje, wat ich noch sage well,
söns sag ich dich noch völl ze völl.
Ävvel op der jrüeste Strett,
koem ouch bau atwier der Fred.

Sagt woer dat net en herrlije Zitt,
Trees häeß de Frau, der Mann heisch Pitt
der Jong heäß Männ, et Mädche Trüdd
a Badewann doe saat me Büdd
Grimm und Trippel häiß e Schicksje
Erdal woer en Dues met Wicksje

Troue jong me met vier Schömmele
fuuhr dormet en de sövve Hömmele
jov sich Naht för Naht et Hängche,
än jeddes Joehr doe koem e Kengche
Met Jedecks doe dong me stouche
de Fernöiß för dropp ze kouche.
Woer me en de Schuel net jot

da houet der Lierer enge de Fott
än höm dong nüs doran hengere
ouch ze kloppe op de Fengere
än de Kenk noch henger de Uehre
weil se klauete bei de Bure.

Mer song ouch noch Leddchere en de Familie
kannt Kroschele, stenke Kies än Wiemele
schleäf met drei Brüer en enge Püs
der Köß, der Fränz, der Schang der Jüss
än uus en fleddije söije Pief
doe leif der Opa singe Sief

Mer woer nie fuel, jong ömmer werke
än joev ouch nömme av et Ferke
Woehnet foffzig Joehr op e Jebönn
än jedderenge fong et schön.
Än storv enge, da kriechet der Nobber sugar
mer hau sich verdrage en Nuet än Jefahr,

Än koem deä bei der Petrus an
da froret höm deä joue Mann:
Jong beiste va Oche, doe kenn ich mich
der schönste Platsch hei es för dich
Ding Jrueß, dinge Üehm än ouch dinge Pat
bejrösse dich op Öcher Platt

Setz dich dorbei än luehr op de Eäd
wie di Oche sich verändere deäht
wat fröijer jefalle hat, es ladritt
hü hant vür en anger Zitt,
angesch joe, ävvel ömmer noch schön
Oche, du schönste Stadt die ich kenn!

Die Maus
am Münsterplatz 6

Der Olymp va fröiher än hü
ov, der Homer op Platt

Prolog

Det ov dat uus de Antike
welle vür os jenau bekicke
dröm opjepaßt leäv Lüh än sett
wat et dorvan hü noch jet.

Iechte Jesang

Deä aue Zeus, döm jedder kennt
woer en der Olymp der Präsident,
heä verklejjet sich jeär ene av än aan
än troev et Leda dann als Schwan.

Verkleid woer heä uus Rand än Band
weil höm esu jenge hat erkannt
än ouch et Leda daaht bei sich
wat well deä Pouhahn da va mich.

Mer wie de Zeus du loß jelaht
än höm esu menches beijebraht
du woß ouch et Leda bau,
wat et an de Vojjel hau.

Bes hü deät heä dat Spellche maache,
än stell sich en et Füßje laache
dat de Mannslüh enverstange sönt,
weil heä jetz als Melechmann könt

zweide Jesang   Ouch der Odyseus woer dörchdreäve
mer sätt hü, enge uus et Leäve,
heä soeß än daaht heäm e si Huus
wie komm ich hei wahl ens eruus.

Heä schnappet sich si Portmanëë
än saat an et Penelope
et Kassandra dong mich en Troja sage
ich müet övver et Meer nu fahre

Heä fong ouch jau ene Trupp va Frönde
die parat woere för alle Sönde
sue fuehre sei met joue Senn
met hön Scheff no de Welt eren.

Heä fong si Pläsier a alle Ecke
dong iesch wier noe Joehre op heäm a trecke
Heij woed heä empfange met Pütsche än döije
et janze Huus dat dong sich fröie

Wenn hü dat ene Mann ens lappt
                       sich ejen Wietschaf e paar schnappt
                       än öm fönef Uehre vör jen Huusdöer steät,
                       wat mengt ür, wie deä empfange weäd.

drejde Jesang   Der Achilles hau se av
                       hömpelet a kümmens de Trapp erav
                       Jeldbüll än Maag, die woere leäg
                       än dann die Ping noch e sing Feäsch.

                       Sing Frau saat, maach net esu Jesech
                       treck noe Troja en der Krech
                       da könste zeröck als jrueße Held
                       än et kennt dich alle Welt

                       Du bruuchst de Drachme net mie ömzedriene
                       kanns en Roh ding Feäsch dich biene
                       bes zeleäve net mie suuer
                       än se schecke dich weichelang en Kuer

                       Hat hü enge der Kopp onger der Ärem
                       ene laame Puet, ene rebellije Därem
                       dann es deä secher ärem dran
                       denn heä moß baschdich Buusche han.

                       Ov Holzbeän Brell ov e Jebeß
                       ding Krankekass, dat es jeweß,
                       hat dorvör jajeng Nüssele mie
                       dön deät jo ouch ding Ping net wie.

vierde Jesang   Met Schuppehuut än Siejtanghoer,
en e Wasser esu reng än kloer
doe dong, esu hat der Homer jeschreäve
der Poseidon met sing Nixe leäve.

De Fesche woere all jesonk
miliuene Zoete schwomme ronk
dörsch alle Meere krüzz än quer
än haue der Poseidon jeär.

Ene Fescher, deä höm zovöll feschet
heä met singe Dreizack petschet
än bejrievet deä dat dann net flott
houet heä höm noch et Scheff kapott.

Hü drage Scheffe singe Naam,
Poseidon schriefe se op deä Kaahn,
mer es dat Scheff döx net mie nöi
eruus löivt Öl än jefftije Bröi.

Meer än Fesche sönt nun krank,
mer merekt iesch bei deä Jestank
wenn mer vör ene Öcher Bronne steäht,
wie jot dat Wasser rüche deäht.

Das Wespienhaus

Wespien

Der Tuchfabrikant Johann von Wespien heiratete die Fabrikantentochter Anna Maria aus Eupen und erlangte dadurch einen beachtlichen Wohlstand.

Im Jahre 1737 ließ er sich von dem berühmten Baumeister und Architekten Johann Joseph Couven das auf Seite 140 abgebildete Prachthaus in der Kleinmarschierstraße Nr. 49 bauen.

Er konnte auch noch das Landgut Schloß Kalkofen erwerben und ebenfalls von Couven umbauen lassen.

1756 wurde er zum Bürgermeister von Aachen gewählt und starb allerdings schon drei Jahre später 1759.

Der Hot

Et Fing saat aa der Lëjjenad
esu heusch eweg kriss Du en Plaat,
Dich wahßt et Knejj at dörch der Kopp
Du bruuchst bau jet för ovve drop.

Dorop der Lejj saat, dat es jot,
ävvel iiesch en Box vör ajjen Fott,
wenn da noch Buusche övver sönt,
vür för e Höttche kicke jönt.

Jot jesaat än jau jedooe,
blëäve seij net lang miej stoeh,
zeiiesch de Kriem erav mer jong,
bes woe et Boxemönster stong.

Wat wooed heij net all jeboe,
schwazze Boxe, än ouch jroe,
ouch een en violette Klüer,
mer die wore der Lennet all ze dür.

Komm Fing, heij an sing Frau du saat,
vür jönt erop bes op der Maat,
beij der Titz, loss mich net lüjje,
sall ich se för de Hauvscheäd krijje.

Heij suueht noe ovve, än suuet noe onge,
än hau ouch bau e Böxje fonge,
die sall wahl paaße, heij du sett,
aaprobiere bruuch ich net.

Et wor jäe Kammjaar, of englisch Doch,
ouch de Piefe wore net lang jenog,
än de Söcke luurete en Hankbreät eruus,
der Lejj de maachet sich nüüs druus.

Heij druuch seij et Sonndes än ejjen Weich,
der Sackdog, de bammelet uus jen Täisch,
seij wor ouch net esu schnack, wie jriechische Sülle,
denn ajjen Knejje, do worp se Bülle.

Heij hau die Box esu rechtig jeär,
dröm druuch heij se beij Wenk än Wäer,
än des morjens hau se mäneche Fau,
weil heij dren jeschloffe hau.

Der Lejj dong die Box at net mieh uus,
Heij druuch seij op en Stroeß, än ejje Huus,
än wor aa der Söller se ouch at dönn,
der Lennet fong seij ömmer noch schönn.

Heij saat, een die Box föihl ich mich heäm,
än dragt Ühr mich ens noeh Tolbets Leähm,
da well ich jeä Hemp oehne Täische han,
lott mich mer mi lejjvste Böxje aa.

Benoimt wor dat Rümmsel zwar der Hot,
mer deä koem dörch die Box ze kot,
ävvel, ich verspreich nun op ming Iehr,
doröver schriv ich de niekste Kier.

Alexianergraben Nr. 55

E Spennche

En ose Keller, henger en Kess,
doe woe et ömmer düüster es,
verkruuvet en der Hervst onenjelaade
E Spennche sich uus ose Jaade.

Et Pänschje voll va Flejje än Möcke,
dong seij sich en Plaatsch vör d'r Wenkter söcke,
woe se jeschötzt för Frooß än Kau,
et schönste Quartier du fonge hau.

Mänch enge keäkt, uwiie mer fou,
ävvel vür losse dat Spennche erouh,
der Ekel vör Spenne weäd döks övverdreäve,
van os uus, kann se e paar Mond doe leäve.

Denn spietsdens wenn et Fröschjoehr könt,
de Spenne etwier monter sönt,
se blieve da net miej ejje Huus,
än kruuve e de Natuer eruus.

Nun es et mer noch en kotte Saach,
bes ich met höer Bekanntschaft maach,
denn et könt wie et at ömmer woehr,
et selve Spellche jeddes Joehr.

Des morjens frösch, koum ben ich waach,
bejrößt mich ene schönne Daag,
der Kaffie es fresch opjeschott
än rüescht appetitlich uus der Pott.

Ene Schrett uus jen Döer, noe der Breefkaste hen
met et Jesech en et Jewebs da van en Spenn,
dat woer jesponne va lenks noe reäts,
ich well mer ming Zidong, än denk an nüüs schleäts.

Seid Jester Ovvend dong dat at doe hange,
för et Naahts de Möcke dren ze fange,
ov all et Jediesch, wat me net sitt,
weil dat mer en der Düüster flütt.

Die Spenn hat secher net övverlaaht,
woföer se dat Netz vör ming Huusdöer maht,
än hoi ich beister opjepaaßt
hoi ich jesieh, wat vör mich waaßt.

Dröm ich över mich selver laach
weil dat passiert mich jedder Daag,
mer et Sonndes, da erleäv ich dat net,
weil et dann jeng Zidong jet.

Da könt mich stell e minge Senn,
velets lövt jo hü ming Frau eren,
ävvel da sage vür zweij os ömmer,
et jet Mensche, die spenne noch völl schlemmer.

Zum blinden Esel
Franzstraße 6

Va eiße än drenke

Döch ich an et eiße denke
än veletz och an et drenke,
läev Lüh, da sött Ür platt,
wie sich dat geändert hat.

Dröm han ich stell ens övverlaht,
wat os fröher hat jeschmaht.

En Bottram met Säem, loß mich net lüjje,
die böjet sich noe alle Sieje,
sei woer trotzdem ömmer lecker
wie ene Flaam va ose Bäcker.

En Zupp van Bonne uus de Bar
Dat woer en Wohltat vör der Mag,
Met e Mettwöeschje ov fette Speck
Da woed der Tääler avjeleckt,
wenn mer da noch e Ferkenspüetche kräeg,
da woer ooch bau der Käessel läeg.
Rüüchet et suuer ens ejen Kösch
koem Pannhas än Kompes op der Dösch.
Jebroene Puttes bei Hömmel än Äed,
och hü noch jäer jejeiße wäed,

Ene suure Appel än fresch Jemöß,
ov e Mönsterbäerche zockersöß
än uus der Jaade en Tomat,
hat noch wie en Tomat jeschmaat.

Et sonndes jov et Rodong met Rosinge,
Da fong derekt de Sonn an et schinge,
met Muckefuck esu klütte schwazz,
däe woer jesongk och vör et Hazz

För de Katze än de Möppe,
koem jäe Whiskas en et Döppe,
ene Eädappel woed doe dren geklescht
än met der Rest van de Zauß jequetscht.

Mer kuent esue völl eiße wie mer wouj,
mer woet net decker, noem net zoej,
än bruuchet, dat es reäll wal woehr,
net jrüeßer Pluute jeddes Joehr.

Nuun hant vür en anger Zitt,
dat deftig Eiße es ladritt,
en Kotlett, dat es net miej
Saltim bocca moß et siej.

Osser Eiße sät et Fing,
dat brengt os nun der Catering.
Krabbe, Kaviar än Lachs,
van Jemöss mer ene Klax,
e kleng Eädepelche dorbeij,
än fing Zäusjere met völl Beheij.

Esue esst mer hü, besongesch fiin,
än drenkt dorbeij ene aue Wiien,
ov Champagner, statt e Bier,
vör et Müllche es os nüüs ze düer.

Ävvel döks hövt der Dokter singe Fenger,
völl ze deck sönt at de Kenger,
Üere Pantsch, minge läeve Mann,
nömmt onverschamde Forme aan.

Ür Frau, dat woer ene schlanke Engel
Hat nun en Fott, wie ene Kaarebengel,
Ür möt, dat es net övverdräeve,
van nun a völl jesonger läeve.

Ävvel, ich well net miej op der Dokter hüere,
wat hei sätt, sall mich net stüere,
ich well net dönn siej, wie ene Schluuch,
lost mich jevälles minge Buuch,

Dröm han ich stell doran jedaht,
wat der der aue Konfuzius saaht :
ohne et ze welle, woed ich jeboere,
än bei et stäerve wäed mich och jenge froere,
dröm haut der Mongk än sött janz stell
än lost mich eiße än drenke wat ich well.

Et Weär

Wenn et Sönnche ens Wärmde brengt,
da kümmt menche Mensch än mengt,
oh Jösses, esue völl ich weäß
woer et lang net miej su heäß.

Wenn da van et Hömmelszelt,
e paar Daag der Reän ens fällt
sitt me der selve Mensch at kruuve
än hölep schreije, vür versuufe.

Es iesch ens alles wiss va Schnie
da hüere vür at si Uwieh,
heä lamentiert, oh leäve Jott
ich früss mich e die Kau kapott

Hüer endlich op Du miese Zöl,
di jringe dat weäd os ze völ
nemm et Weär esu wie et es,
ov koet, ov weärm ov dat et pest

Der alte Lombard
Pontstraße 53

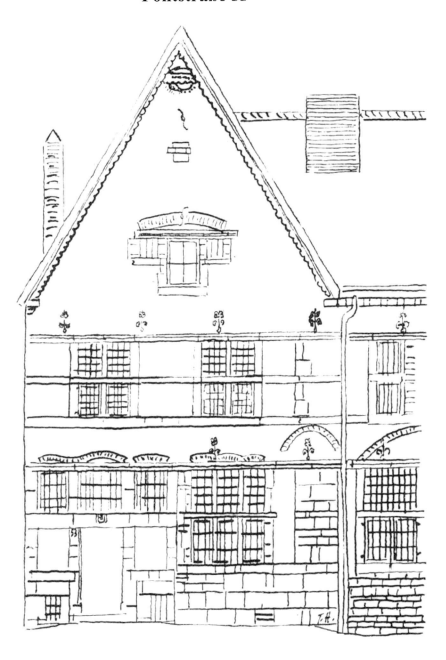

Et Schweizer Nommerekonto

En de Schweiz doe jong ene Mann,
nojen Bank än stallt sich aan.
Henger de Schalter die Persuen,
froret met ene fröndlije Tuen,
wat es üre Wonsch minge Heär,
ich erföll döm secher jeär.

Wat ich Üch hei sall bestüre,
dat darf jenge angere hüre,
dröm spetzt de Uehre, leäve Mann,
än hüet wat ich ze sajje han.
Hei koem du aan die Ruet janz noe,
än spruch esu leis, koem ze verstoeh.

Wat ich hei well, litt op der Hank,
Ich höi jeär e Konto bei ür Bank,
noe üch doe koem ich hen vaweje,
mi Vermöje anzeleje.
Esu tuschelet hei stell an döm,
än kieket sich ouch bängelich öm.

Aan wievöll haut ür da jedaht,
ich meng wat ür Vermöje maat,
wievöll Buusche wellt ür messe,
dat moß ich vör dat Konto wesse.
Dorop hei at worem flüstere deät,
ich jlöv dat es jeng Klengigheit.

Än met Huechmot en et Jesech
Laat hei en hauv Milijuen op der Dösch.
Deä Heär besitt sich die Buusche än laat,
vör die Somm, die ür mich hei hat braht,
sue leis ze tuschele es allerhand,
hei bei os es Ärmot doch jeng Schand.

Aachener Dreifensterhaus
Minoritenstraße 5

Op de Kaiv

Ich lad üch een de niekste Kier,
ävvel net mer einfach op e Bier,
neä, op e besongesch lecker Eiße,
än et es va alles jot bemeiße.

Bei mich sött ür hazzlich opjenomme,
ich freu mich at esu op ür komme,
ich well met üch fiere än laache,
wat säss du Klös, du wells jet maache?

Dat avzesage wür net jot,
än komm ich doedörch ouch ze kott,
ich stell mich iesch ens henge aa,
än noe der Klös ben ich da draa.

Der Klös sij Festäng, dat woer vorbei,
bestemmt nuun at ene Mond ov drej,
du koem het atwier än saat,
bau weäd bei mich e Feß jemaat.

Der niekste Mond, en Uhr ov sess,
söd ür bei mich, dat es jeweß,
mer vör et Weär, doe mott ür beäne,
da sall ich üch allemoel verweähne.

Vör üch, doe es mich nüüß ze schaad
Ür weäd met et beiste opjewaad,
enge brengt Schlat met, der angere Fleäsch
der Drejde vör der Koch der Deäg

Mer kot dovör, esu fönnef Daag,
du bloeset het wier av die Saach,
ich han plötzlich en Eeladong krëäje,
da mösse vür mi Fess e paar Weiche verlëäje.

Het menget, et es at bau e Joehr vörbeij,
än ür word ömmer noch net heij,
lot mer ens Krëßmes än Posche verjooeh,
da sallt ür bei mich ejje Zemmer stoeh.

Öm Pengste wolle vür ens hüre,
wie es dat dann nu met dat fiere,
bes jetz mullste mär ömmer dovan
esu heusch eweg beste nuun draan

Neä sätt het, dat es net reäht,
dat mer mich esu Onreäht deät.
ich hai mich at lang bei üch jemeld,
ävvel hürt, bevör ür e Urdeäl fällt.

Bei os ejen Stroeß, es enge jestorve,
ich jlöiv, heä hau sich der Mag verdorve,
dat woer esu vör 14 Weiche,
ich han die janze Zitt jekreäche.

Vör ze jöstere, dat möt ür verstoeh,
doe stong mich secher der Senn net noe,
wenn ävvel ene angere eelade deät,
dat komm ich jeär, än maach mich breät.

Dat wat ich heij opjeschreäve,
kann mer ömmer wier erleäve
et durt zwar bes mer se erkennt
die mer Ömmesönslömmele nennt.

Zeiiesch fällt mer op dön eren,
die lade hondert moel dich een,
mer wenn dat da jet koost än Möihte maat,
da hant se ömmer en Uusreäd paraat.

Da maach de Döer zou va ding Kösch,
loss se net mieh a dinge Dösch
än noe kotte Zitt, dat weädsde siieh,
da hüdsde än siiehste va dönn nüs mie.

Pontstraße 23

Jlöckselig nöi Joehr

Blëäv oehne Antwoet döcks en Froeg
än ür erleävet mäniche Ploeg
Ejal wat hänger üch litt än woer
Ich wönsch üch e jlöcksellig Joehr.

Kickt noe vööre, än net zeröck,
schnappt üch selvs e Stöcksje Jlöck,
da weäd ouch der Hömmel atwier kloer,
vör e nöi, vör e jlöcksellig Joehr.

Ür mött üch alles liiehter maache,
verjeißt dorbeij ouch net et laache,
nemmt der deckste Knubbel net esu schwor,
än dröimt van e jlöcksellig Joehr.

Jönnt doch jedderenge et singt,
ich wönsch üch, dat ömmer et Sönnche schingt,
än de Mull voll Zäng, änd der Kopp voll Hoer,
än üch allemoel e jlöcksellig Joehr.

Alexanderstraße 12

De Zidongsjonge

Der Pitt än der Klös, zwei Öcher Jonge,
haue wenig Buusche än sei fonge,
loss os doröver net länger klage
vür fange aan Zidonge uuszedraare.

Än aan ene schönne Sommerdaag,
fonge sei aan met joue Vermaach,
sue haue de Lüh at et morjens frösch,
de nöitste Zidong opene Dösch.

Seit Monde leiv die Saach at jot,
die zwei, die haue wier joue Mot,
de Buusche stemmete ejen Teisch,
än ouch et Drenkjeld, wat mer kreisch.

De Sommerzitt hau uusjedengt,
ouch der Hervst woer bau am Engt,
än du koem da ouch at bau,
der Wengkter aan met Wenk än Kau.

Et koem du wie et komme muet,
dat schleät Weär log at ejen Luet,
än aan e sonne fiese Daag,
woete morjens frösch sei waach.

Deä Klös, deä kicket janz verschreckt,
ich jlöev hü reänt et dat et freckt,
dat äe Deäl sall ich dich wal sage,
hü könne vür jeng Zidong drage.

Doe hölpt ouch jenge Paraplü,
koem, drien dich atwier open Siej
maach noch ens zou de Oue,
weil vür noch jet schloffe soue.

Der Klös houv singe Kopp ejen Luet,
hau hei doe net e kloppe jehuet?
Hei schluuvet än maachet op de Dör,
Doe stong der ärme Pitt dovör.

Klatsche naaß va Kopp bes Foß
Än schudderet sich va Schnopp än Hoß,
sue Naaß, wie du hei vör mich steäß,
sag Pitt, woe bes du jeweäß?

Deä Pitt, deä schöddelet sich ens jott
Trock va der Kopp deä naaße Hot
Ich woer bei de Lüh, minge leive Frönd
Än sage, dat hü jeng Zidong könt!

Grashaus
Schmiedstraße

Ene Tanneboum

Wenn Chreßmes lanzem noeder köent.
de Lüh e Böemche jelde jönt,
än ouch der Albeät van et Treß,
sich för die Saach beweäje leß.

Op der Maat, doe stong ene Mann
Än bejjet de Lüh sing Böimchere aan
hei kann secher jedderenge
et schönnste Chreßmesböimche fenge

Et schnappet der Albeät sich da enge,
än leiß höm at zesaamebenge,
du schreit et Treß, wat mahts du blues,
deä Boum, de es doch völl ze jrueß.

Der Albeät stallt de Boum zeröck,
än jriifet sich en anger Kröck,
et Treß röft minge Leäve,
ich well doch net esonne Scheäfe.

Van all die Böim, die doe noch stonge,
hau hei ouch bau ene nöije fonge,
et Treß böekt, hast du dat net jesieh,
deä hat jo bau jeng Tagge mieh.

Nu han ich hei e Böimche fonge,
dat paaßt va ovve än va onge,
kick Treß, deä es esu schönn än schnack
mer neä, deä es jo hauv verplackt.

Et log at Rüse ejjen Luuet,
Noch jau ene angere jesuet,
Hömmel, Steäre, Anis, Lakretz,
Deä Boum däe hat jo jajeng Spetz.

Dat hau der Albeät net jewollt,
höm rießet lanzem de Jedold,
der enge ze kleng, der angere an et verplacke,
jank noe der Prente Lambertz hen,
än loß dich enge backe!

Dat leß et Treß net op sich setze,
sei noeme enge met zwei Spetze,
et Treß, dat dong jeä Woet miej sage
Deä Boum, deä woet noe heäm jedrage

Wie de Bolle a dat Böimche honge,
än et woed e Chreßmesleddche jesonge,
du mengt et Treß, mer jlöivt et koem,
wat es dat för ene schönne Boum!

Der aue Daag

Wenn mer de sessich hat jepackt,
än övverall jet petscht än zwackt,
heij hat mer Ping än ouch noch doe,
än alles moß jet heuscher joe,
weäds morjens at met Röckping waach,
da könt dat van der aue Daag.

Een der Uurloub et morjens frösch,
zwölef Tablette op der Dösch,
dormet et jedder met hat kreäje,
deät mer se ouch oufe zeäje,
eng för et Hazz, eng för der Maag,
joe, dat es der aue Daag.

Tröfft mer ene aue Frönd,
deä jrad van der Doktor könt,
hat mer jau et Thema fonge:
ich han ovve Ping än onge,
mich deät et wiej, wat ich ouch maach,
ich jlöv, dat es der aue Daag.

Beij en Festeng es et noch schlemmer,
mer dönkt sich een e Wartezemmer,
ming Oue sönt net miej esu jot,
ich koum ouch met der Oehm ze kot,
mich deät de Mull wiej, wenn ich laach,
dat es alles van der aue Daag.

Met en Prent han ich ming Nuet,
än ouch met e Köeschje Bruet,
hü moß ich mich alles zoppe,
bevör ich et een de Mull kann stoppe,
de Zäng sönt fut, dat es die Saach,
dat hat mer van der aue Daag.

Ävvel, met bruet net miej frösch opzestoeh,
vör met wennig Senn noeje Weärek ze joe,
än kaime moß mer net miej de Hoere,
weil doe en Plaat es, woe se woere,
mer hat jedder Zitt ene joue Vermaach,
dat es dat Schönne an der aue Daag.

Baakauf - Brunnen

Der Klenkes

Der kleine Finger heißt beim Aachener „Klenkes".
Es gibt eine Erklärung woher dieser Ausdruck kommt. Wahrscheinlich entstammt er der Aachener Nadelindustrie. In einer Reihe saßen „Nöldesche", Nadlerinnen, die vor sich eine polierte Stahlplatte liegen hatten. Hierauf befanden sich nebeneinander liegend Nadeln.
Die Frauen schoben diese Nadeln mit den Fingern hin und her. Die krummen Nadeln wurden heraus geworfen. Da die „kleinen" Finger außen liegen, war es nahe liegend, die krummen Nadeln mit dem kleinen Finger auszuklinken, was auf Öcher Platt heißt : „uußklenke". Daraus könnte dann der Begriff : „Klenkes" für den kleinen Finger entstanden sein.
Will Hermanns hinterließ uns ein kleines Gedicht, wie man erkennen kann ob jemand ein echter „Öcher" ist.
Heute kennen auch viele Nicht-Aachener den Klenkes und zeigen ihn gerne.

> Wels du ens wesse janz jeweß
> Ov enge heij van Oche es,
> wis höm der klenge Fenger
> satt, - leive Mann wat es dat?
> Sätt heä dorop, der Klenkes jau,
> dann es heä secher vajjen Pau
>
> *Willst du mal wissen ganz gewiss,*
> *ob einer hier von Aachen ist,*
> *weise ihm den kleinen Finger,*
> *sag,- lieber Mann, was ist das?*
> *Sagt er darauf der „Klenkes" schnell*
> *Dann ist er sicher von der Pau (Aachener Bach)*

173

Än noch miej Öcher Spröchwöed

Döm han ich at lang op der Kick
Den habe ich schon lange im Visier, den mag ich nicht

Heä kritt de Kier net va luuter Werk
Er bekommt den Dreh nicht vor lauter Arbeit

Ich han mich ene Kippaasch jeloufe
Ich habe mir einen Wolf gelaufen

E Kitzje dorlangs es völ dorlangs
Ein wenig daneben ist viel daneben

Ich hau mich net a der Klaaf va Wäischwiefer op
Ich halte mich nicht an den Tratsch von Waschweibern auf

Kümme än klage, dat es de Sproech va de Bure
Jammern und klagen, das ist die Sprache der Bauern

Wenn der Jlanz uus de Jardinge es, da sönd et mer noch Hoddele
Wenn der Glanz aus den Gardinen ist, dann sind es nur noch Lumpen

Kompes vör der Jank, Eäze vör der Klank
Sauerkraut für den Gang (zur Toilette) und Erbsen für den Klang (Blähungen)

Dat hat heä vör de Fott jeklascht
Das hat er vor den Hintern gehauen, das ist Pfuschwerk

Aachener Marktweib

Nüüß een et Og es jot ävvel nüüß ejjen Teisch es schleät
Nichts im Auge ist gut, aber nichts in der Tasche ist schlecht

Dat es mer ene Katzesprong bes doe
Es ist nur ein Katzensprung bis da, es ist nicht sehr weit

Et Jlöck kans de net dörch söcke fenge
Das Glück kann man nicht durch suchen finden

De Kleäpitte hant sich die Muur vörjenomme
Die Lehmpatscher (Schimpfwort für Plisterer) haben sich eine Mauer vorgenommen

Weä mer kickt, de jöllt nüüs
Wer nur schaut, der kauft nichts

Deä klejt en e Höddelche
Der kleidet in einem Lappen, egal was er anzieht, er sieht gut aus

Der Jong jeäht des Johr met
Der junge geht dieses mit, Kurzform von: er geht dieses Jahr mit zur ersten Kommunion

Kleng Kaplöenche
Kleiner Kaplan (Sprechübung, die 10 mal aufgesagt werden soll)

Kleng Döppe laufe jau övver
Kleine Töpfe laufen schnell über (kleine Leute sind schnell gereizt

Als die Häuser noch eigene Namen hatten
In der Krämerstraße

Nr. 1 zum großen Apfelbaum
Nr. 2 zur Spille
Nr. 3 zum kleinen Apfelbaum
Nr. 4 zum goldenen Hahn
Nr. 5 die Sonne
Nr. 6 zum goldenen Fisch
Nr. 7 große Wechselbank
Nr. 8 Rad von Aventure
Nr. 9 kleine Wechselbank
Nr.10 zum goldenen Spiegel
Nr.11 der goldene Löwe
Nr.12 zum goldenen Kreuz
Nr.13 zur Windmühle
Nr.14 Elster und Haupt
Nr.15 die Kerzenschere
Nr.16 zum goldenen Wagen
Nr.17 zum weißen Lämmchen
Nr.18 zum goldenen Pflug
Nr.19 zum weißen Pferdchen
Nr.20 zur Scheer
Nr.21 das Bäumchen
Nr.22 die gulden Faust
Nr.23 der gulden Baum
Nr.24 der gulden Bogen
Nr.25 zum Prinz von Salm
Nr.26 zum goldenen Rosenkranz
Nr.27 zum Niclas
Nr.28 zu den drei Kronen
Nr.29 zum heiligen Geist
Nr.30 zur Königin von Frankreich

1657 wurde das Haus Rommelsgasse Nr.1 „die goldene Waage" verkauft für 166 Thaler, 17 Mark und 2 Bauschen

Mer moß ene Sack zoubenge iehre ze voll es
Man soll einen Sack zubinden bevor er voll ist

Wovör maache de Mensche sich Sörje, hü störvt deä enge än deä angere Morje
Warum machen die Menschen sich Sorgen, heute stirbt der eine, der andere morgen

Et es nu ens esu, et Jots jeäht fut än et blivt der Schrue
Es ist nun mal so, das Gute geht weg und es bleibt der Schrott

Dat drivt mich der Schudder op et Liv
Das treibt mir einen Schauer über den Körper, es graust mir

Deä jet dich jeng Platsch vör ze schulle
Der gibt dir keinen Platz, um dich unter zu stellen, vor dem Regen zu schützen. Er ist eigennützig

Deä Jong hat der Verstnak met der Schuumläffel freiße
Der Junge hat den Verstand mit dem Schaumlöffel gegessen, er ist nicht besonders schlau

Wennsde et morjens de Oue opschleäts, müetsde at Pissele han
Wenn du morgens die Augen aufschlägst, dann müsstest du schon Schläge bekommen (du bist unverbesserlich)

Wo mer net dra recke kann do sou mer va blieve
Wo man nicht nach greifen kann (nach recken kann) da soll man von bleiben

Aachener Stadttheater
mit Reiterstandbild

Die Puute sönt mer an et pootze
Die Kinder laufen nur rein und raus, es geht die ganze Zeit nur, Tür auf Tür zu

Beister en Fleg ejjen Zupp wie jajeä Fleäsch
Besser eine Fliege in der Suppe, als gar kein Fleisch, man muß auch mit wenigem zufrieden sein

Sei hant sich kräftig enge jepött
Sie haben sich kräftig einen gepottet, sie haben kräftig einen getrunken

A Wiß- än Schwäzz-Daag weäde de Wäng jekälkt än de Fernöisepiif jepottluehnt
An Weiß- und Schwarz-Tag werden die Wände gekalkt und das Ofenrohr mit Ofenschwärze gestrichen. Das wurde an Buß- und Bettag (evang. Feiertag, den die Katholiken durch Arbeit mißachteten) gemacht

Weä Nöß plöcke well deä moß ene Prängel haa
Wer Nüsse pflücken will, der muß einen Knüppel haben

De Prängele sönt en löstije Schull Mannslü
Die Prängele (Knüppel) sind eine lustige Runde von Männern (Stammtisch)

Ze iesch pröive än da iesch jlöive
Zuerst prüfen und dann erst glauben

Kleng Kenger, kleng Leäd, jrueße Kenger jrueß Leäd
Kleine Kinder, kleines Leid, große Kinder, großes Leid

Kapuzinergraben

De Klenge sönd deß Johr net jrüüßer
Die kleinen sind dieses Jahr nicht größer, zu einem, der immer etwas mehr haben will

Ose Herrjott weäd et at net sieh, saat der Bur, än worep ene Bokseknouf en der Klengelsbüll
Unser Herrgott hat es nicht gesehen sagte der Bauer und warf einen Hosenknopf in den Klingelbeutel

Met dat Klöngelswerk verdengsde noch net et Salz op et Bruet
Mit dieser Murksarbeit verdienst du noch nicht das Salz auf dem Brot

För de Mannslüh ene Klore än för de Fraulüh e Löfje
Für die Männer einen Klaren und für die Frauen ein Lüftchen (Pfefferminzlikör)

Dat Mädche jöng jeär ene Kloster, wo zweierlei Schong ongerje Bett stöhnt
Das Mädchen ging gerne in ein Kloster wo zweierlei Schuhe unter dem Bett stehen (sie möchte gerne heiraten)

Menche Küksjere welle lueser siie wie de Kluck
Manche Küken wollen klüger sein als das Huhn

Deä hat sich met Koehle jewäische än met Klütte avjedrücht
Der hat sich mit Kohlen gewaschen und mit Briketts abgetrocknet (ist eine schmutzige Person)

Verwaltungsgebäude
Katschhof

Könt mer övver der Honk, da könt mer ouch övver der Stazz
Kommt man über den Hund, dann kommt man auch über den Schwanz

Es der Äerme uus de Nuet, da könt singe Dued
Ist der Arme endlich aus der Not, dann kommt sein Tod

Die Zwei dat es e Kommelejuenspäärche
Die zwei, das ist ein Kommunionspaar, das sind zwei Freunde, die man immer zusammen sieht

Vör de Huechzitt es hei Karessant, noeh de Huechzitt Kommendant
Vor der Hochzeit ist er Liebhaber, nach der Hochzeit ist er Kommandant

Jedderenge well kommendiere, ävvel jenge well aapacke
Jeder will kommandieren, aber keiner will mit anpacken

Do steäht e schönn Komplöttche zesame
Da steht ein schönes Komplöttchen (Grüppchen) zusammen

Bes de de Komued an et quäele?
bist du dabei die Kommode zu quälen?(es spielt jemand schlecht Klavier

Do setzt der Kopp treck op de Konk
Da sitzt der Kopf direkt auf dem Po (der hat keinen Hals)

Hof
mit Blick zum Dom

Ein Lied über das Titz-Kaufhaus auf dem Markt

Wenn vür jelde jöhnt, da jönt vür opene Maat,
noh der Titze, Titze, Titze Lejjenad,
än der Titze, Titze, Titze Lejjenad hau jesaat,
ich han de schönnste Fraulü van der Maat,
än der Titze, Titze, Titze Lejjenad hau jesaat,
schnütze Fraulü blivt mich van der Schokelad

wenn wir kaufen gehen, dann gehen wir zum Markt,
zum Titz, Titz, Titz Leonhard
und der Titz, Titz, Titz Leonhard hatte gesagt
ich habe die schönsten Frauen vom Markt
und der Titz, Titz, Titz Leonhard hatte gesagt
vernaschte Frauen bleibt mir von der Schokolade

Riiche Lü kam er denge ävvel net troue
Reichen Leuten kann man dienen, aber nicht trauen

Met schönn Wöet kann me sujar schleähte War verkoufe
Mit schönen Worten kann man sogar schlechte Ware verkaufen

Fuulheät verloß mich net saat heä, wie se höm Werk aajeboe haue
Faulheit verlass mich nicht, sagte er, als man ihm Arbeit angeboten hatte

Eruus uus et Werk än ereen en der Särk
Raus aus der Arbeit, rein in den Sarg, der Arbeiter hat nicht viel von seinem Ruhestand

Romaneigasse
Hof

Et sall sich jedderenge öm sing eje Komkommere kömmere
Es soll sich jeder um seine Gurken (Sachen) kümmern

Zefreä Mensche bejeähnt mer selde
Zufriedenen Menschen begegnet man selten

Setz dich Üehm, du wahßt doch net mieh
Setz dich onkel, du wirst doch nicht mehr wachsen, wenn jemand stehen bleibt: willst du noch wachsen?

Beister es beister saat der Heär än schmieret sich de Botter noch op et Speck
Besser ist besser sagte der Herr und schmierte sich die Butter noch auf den Speck

Weä ejjene Spëjjel kickt henger döm steäht der Düvel
Wer ständig in den Spiegel schaut, hinter dem steht der Teufel

Mänche Spetz wöehr jeär ene Schoefshonk
Mancher Spitz wäre gerne ein Schäferhund, mancher Kleine wäre gerne groß

Kleng Spetzbouve hängt mer op än de jrueße let me loufe
Kleine Spitzbuben hängt man auf und die Großen lässt man laufen

Wo jehubbelt weäd do falle Spïene
Wo gehobelt wird. Da fallen Späne

Fischpüddelchen
am Fischmarkt

Heä beduurt dat wie ene Eäsel, deä ene Sack verloere hat
Er bedauert das, wie ein Esel, der einen Sack verloren hat, es ist ihm völlig egal

Ov ich dat nu sag ov dat ich et seng, jenge hüert drop
Ob ich das nun sage oder singe, keiner hört darauf

Heä sägt et leävste dönn Lätzjere
Er sägt am liebsten dünne Lätzchen, er macht sich nicht gerne müde

Wenn de ejjen Särk liß, da bruusde nüüß mieh ze due
Wenn du im Sarg liegst, dann brauchst du nichts mehr zu tun, aber bis dahin musst du arbeiten

Heä leävt jot va der Scha
Er lebt gut vom Schaden, er klagt über schlechte Geschäfte, aber er lebt ganz gut davon

Au Poetze hant ouch au Scharniere
Alte Tore haben auch alte Scharniere, sie können schon mal quietschen

Dat es alles mer schlappe Kroem
Das ist alles schlaffer Kram, taugt nichts

Deä es selvs der Düvel noch ze schleäht
Der ist selbst dem Teufel noch zu schlecht

Villa Luise
Nizza Allee

Jank ens opschödde
Geh aufgießen (Kaffe aufschütten). Man konnte für 2 Pfennig heißes Wasser bekommen zum Kaffeeaufgießen

Opjestange Platsch verjange
Aufgestanden, Platz vergangen, das sagte man (besonders Kinder), wenn zu wenig Plätze da waren und einer stand auf

Wo du net bes Herr Örjeleß do schwijje alle Flööete
Wo du nicht bist, Herr Organist, da schweigen alle Flöten, bei diesem Spruch wurde das Zeichen zwischen Daumen und Zeigefinger gemacht und gemeint war Geld

Ovs de dat nu esue maachts ov esue maachts, et blivt et selve Denk
Ob du das so machst oder so machst, es bleibt die selbe Sache, man kann es drehen wie man will

Jot övverlaat es et hauf Werk jedoe
Gut überlegt ist die halbe Arbeit getan

Der övverschte Wenk brengt et schleäht Weär
Der oberste Wind bringt das schlechte Wetter, gemeint ist der Westwind

De Paafe sönt wie se klaafe
Die Pfaffen sind wie sie predigen

Et Treiß hat höm der Paaß jejovve
Die Therese hat ihm den Pass gegeben, sie hat ihn laufen lassen

Schloß Schönrath
Laurensberg

Dat es alles nüüß wie nackse Behei
Das ist alles nichts als Angeberei

Weä dich ejjen Naht klaut, deä brengt dich et morjens wier
Wer dich in der Nacht klaut, der bringt dich am Morgen zurück

Lang Näel stöent op full Fengere
Lange Fingernägel stehen auf faulen Fingern, wer gepflegte lange Fingernägel hat, der arbeitet nicht

Dat Kenk moß ene Nam haa
Das Kind muss einen Namen haben, man muss eine Sache nur richtig benennen

Maach dich ene Knöp ejen Nas, dormet de et net verjeißt
Mach dir einen Knoten in die Nase, damit du es nicht vergisst

Der Nöi es dorvan
Das „Neue" ist davon, es sieht gebraucht aus

Du bes ene schleähte Nommedaag
Du bist ein schlechter Nachmittag, du bist ein durchtriebener Mensch

Wat der Nöttere denkt dat sprecht der Voolet uus
Was der Nüchterne denkt, das spricht der Betrunkene aus

Eäzekomp
Kaiser Karl der Große in der Erzschüssel auf dem Marktplatz

Wenn de Wajele fahre oehne Peäd,
der Lousbereg medde en Oche steäht,
de Fraulü en Boks drage statt e Kleäd
da wal de Welt bau onger jeäht
wenn die Wagen fahren ohne Pferde,
der Lousberg mitten in Aachen steht,
die Frauen eine Hose tragen, statt ein Kleid
dann wohl die Welt bald untergeht

die Wagen fahren ohne Pferde (Autos)
der Lousberg steht geographisch fast mitten in Aachen
die Frauen tragen Hosen
aber die Welt ist Gott sei Dank noch nicht untergangen

Me kann ouch en Möck melke, wenn mer de Üere fengt
Man kann auch eine Mücke melken, wenn man die Euter findet,
man kann auch etwas Unmögliches erreichen, wenn man den
richtigen Dreh findet

Wievöel es dat? Vier Amen wenijer sövve Veddele
Frage: wie viel ist das? Antwort: vier Amen weniger sieben
Viertel, wenn man die Antwort nicht weiß

Heä mengt sich ouch at jet
Er meint sich auch schon etwas, er bildet sich etwas ein

Menche au Wiefer setze Mönefett aa
Manche alte Frauen setzen Altersfett an

Schloß und Gut Kalkofen

Deä löüft dörch et Honndert
Der läuft durchs Hundert, er irrt herum und weiß nicht wohin

Deä hält dön de ärrm Lü vajje Liief
Er hält ihnen die armen Leute vom Leib, er läuft immer hinter den anderen her

Nörjens lüjje es beister, wie övverall de Worret sage
Nirgendwo lügen ist besser als überall die Wahrheit zu sagen, man soll nicht immer alles sagen was man denkt

Heä es scheäl än sing Freu luuscht
Er schielt und seine Frau guckt nicht gerade aus

Lü jellt Kämm et komme lusije Zitte
Leute kauft Kämme, denn es kommen lausige Zeiten

Ene Mann es esu ooet wie heä sich föihlt än en Frau wie se sich aaföihlt
Ein Mann ist so alt wie er sich fühlt und eine Frau wie sie sich anfühlt

Menechmoel kann me ouch van ene Lierjong noch jet liehre
Manchmal kann man auch von einem Lehrling etwas lernen

Völ Häng maache et Werk liehter
Viele Hände machen die Arbeit leichter

Bergdriesch 37

Herrjöttche maach öm der Kran zou, et löüft at dörch
Herrgott dreh den Hahn zu, es läuft über, die Tränen wollen nicht aufhören

Heä es krank än het es net jesonk
Er ist krank und sie ist nicht gesund

Du kanns mich ens et Kräntche püttsche
Du kannst mir mal das Kränzchen küssen, anders für das Götz-zitat

Et kratzt sich mänich enge, döm et net jöcht
Es kratzt sich manch einer den es nicht juckt ,z.B. manch einer übertreibt seine Krankheit

Die Frau litt ejjen Kroem
Die Frau liegt in ihrem Kram, sie liegt in den Wehen

Döm es en Luus övverjen Leäver jekraufe
Dem ist eine Laus über die Leber gelaufen, er hat schlechte Laune

Fuutele bekrüent sich
Betrügen (beim Spiel) krönt sich nicht, es lohnt sich nicht

Heä hat secher atwier et ärrm Dier
Er hat sicher wieder das arme Tier, er ist seelisch nicht gut drauf, er hat eine Depression

Jedder Jeck ka sich riich erve
Jeder Dumme kann sich reich erben

Münsterplatz
Fischmarkt

Wenn enge för angere de Krastaie uusje Füür hooelt, da verbrennt heä sich de Fengere
Wenn jemand für andere die Kastanien aus dem Feuer holt, dann verbrennt er sich leicht die Finger

Schönn Klejjer maache en leäg Köche
Schöne Kleider machen eine leere Küche, es nutzt nichts sich heraus zu putzen, wenn man nichts zu essen hat

Die Honder die et hälste kockele leäje de klengste Eier
Hühner die am lautesten gackern legen die kleinsten Eier, wer am lautesten prahlt, hat den kleinsten Erfolg

Loß endlich Koed av
Lass endlich Kordel ab, wickele Kordel ab, mach endlich voran

Jliich bei jliich saat der Düvel än du sprong hei op der Koehlemann
gleich bei gleich sagte der Teufel und da sprang er auf den Kohlenmann

Deä ärrme Scheif hat ouch noch e Balköngche op der Röck
Der arme Kerl hat auch noch ein Balkönchen auf dem Rücken, er hat einen Buckel

Heä köit de Wöet iehr heä se sprecht
Er kaut die Worte, ehe er sie spricht, er überlegt zu lange und spricht zu langsam

Köis net än eiß
Manche nicht zu sehr im Essen herum, sondern iss

Katschhof
Altes Verwaltungsgebäude

Doe könt de mich met e kölsch Jebott
Da kommt der mit einem Kölner Angebot, er will es für die Hälfte haben

Komme se, da komme se net, än komme se net da komme se
Kommen sie dann kommen sie nicht und kommen sie nicht dann kommen sie: die Tauben und die Erbsensaat

Da ka der Düvel met sing Jrueß komme
Da kann der Teufel mit seiner Großmutter kommen, egal wie, es wird nicht funktionieren

Heä es der Köönek ze riich
Er ist dem König zu reich, er ist zufrieden

Krentesiere ka jedder enge, ävvel beister maache könne de Wennigste
Kritisieren kann jeder, aber besser machen können nur wenige

Et jet Lü die sönt net iehr zefreä, bes se de Mull voll Dreck hant
Es gibt Leute die sind nicht eher zufrieden bis sie den Mund voll Dreck haben, bis sie aufgefallen sind

Ich loß döm kooet schnuvve
Ich lasse ihn kalt riechen, ich lasse ihn abfahren

Wenn et net reänt da dröppt et
Wenn es nicht regnet, dann tropft es, man muss mit wenig zufrieden sein

Heä es an der Kor komme
Er ist auf den Geschmack gekommen

Hühnerdieb

Drenk e Köppche Kammilletie, da deät dich ouch der Buuch net wieh
Trink Kamillentee, dann tut dir auch der Bauch nicht weh

Dat Mädche hat ene Körbes verschleckt
Das Mädchen hat einen Kürbis verschluckt, ist schwanger

En Frau kann mieh uus et Huus drage, wie ene Mann met Peäd än Wajel erenfahre kann
Eine Frau kann mehr aus dem Haus tragen, als ein Mann mit Pferd und Wagen reinfahren kann, sie gibt zuviel aus

Wat der enge ze kott es, dat es der angere ze lang
Was dem einen zu kurz ist, das ist dem anderen zu lang

Zwei sönt e Paar än drei sönt ene Houf
Zwei sind ein Paar und drei ist ein Haufen

Fröier recket me wiehr met ene Jrosche, wie hü met ene Daler
Früher kam man mit einem Groschen weiter als heute mit einem Taler

Me weäd esu ooet wie en Kouh än liert noch ömmer zou
Man wird alt wie eine Kuh und lernt noch immer zu

Döm stüert en Fleg ajjen Mur
Den stört eine Fliege an der Wand

Weä nüüß hat deä kann ouch nüüß verlüse
Wer nichts hat, der kann auch nichts verlieren

Apfelbaum
Krämerstraße mit Blick zum Katschhof

De Vernonf könt net vör de Johre
Die Vernunft kommt nicht vor den Jahren

Weä nüüß verzällt, deä verroent sich ouch net
Wer nichts erzählt, der verrät sich auch nicht

Dat rüücht noeh Werk saat der Fulleg, än du verquetschet heä sich
Das riecht nach Arbeit, sagte der Faule und verdrückte sich

Et Jöngsje es en der Wahß
Der Junge ist im Wachstum, wenn die Glieder schmerzen

Mer sätt ömmer vür sëhnt os spieder, än op eämoel leäst me ejjen Zidong, dat spieder jester woer
Man sagt immer, wir sehen uns später und dann liest man in der Zeitung, das später gestern war

E merssi vör ene Dengs kam mer net weähßele
Ein Dankeschön für einen Dienst kann man nicht wechseln

Beister en de wij Welt , äls en der enge Deärm
Besser in die weite Welt, als in den engen Darm (Blähung)

Wat jot es vör de Kau es ouch jot vör de Wärmde
Was gut ist für die Kälte ist auch gut für die Wärme

Wöm et Ferke jehürt, döm jehührt ouch der Stazz
Wem das Schwein gehört, dem gehört auch der Schwanz

Steähle maat lang Keähle
Stehlen macht lange Kehlen, man wird erhängt

Postwagen
vom Markt aus gesehen

Kick dat de wier op de Stippe köns
Schau, dass du wieder gesund wirst

Nemm dich en Aat, dat es e Stöchelïser van e Wiiv
Nimm dich in acht, das ist ein Feuerhaken von einem Weib

Dat Leäd hat nu ene Stopp kreäje
Das Leid hat nun einen Stopfen bekommen, ist zu Ende

Heä hat sich tösche zwei Stöihl jesatze
Er hat sich zwischen zwei Stühle gesetzt, falsch entschieden

Deä striift sich a alles
Der reibt sich an allen Dingen, hat immer was zu meckern

Et weäd Zitt dat dat vajjen Streoß köent
Es wird Zeit, dass die von der Straße kommt, heiratet

Wenn Strüeh än Füür zesaame sönt, da kann man et net mieh lösche
Wenn Stroh und Feuer zusammen kommen, dann kann man nicht mehr löschen, kann man nicht mehr schlichten

Jöiv et jeng Heähler da jöivt et ouch jeng Steähler
Gäbe es keine Hehler, dann gäbe es auch keine Stehler

Met werke kam e sich et janze Leäve versoue
Mit Arbeit kann man sich das ganze Leben versauen

Wenn enge Eäsel der angere et Sackdrage liehre well, da dooet dat net
Wenn ein Esel dem anderen das Sacktragen beibringen will, dann taugt das nicht

Postwagen
von der Krämerstraße aus gesehen

Voolete än Peädswajele sall mer uus der Weig jooeh
Besoffenen und Pferdewagen soll man aus dem Weg gehen

Deä söckt enge deä höm de Bottramm vörköit
Der sucht jemand, der ihm das Butterbrot vorkaut, ist faul

Wenn me jong es, da es enge de Welt ze kleng, än wenn mer ooet es, da sönd vier Breär noch ze jrueß
Wenn man jung ist, dann ist einem die Welt zu klein und wenn man alt ist, dann sind vier Bretter noch zu groß (Sarg)

En schwazze Kouh jet ouch wisse Melich
Eine schwarze Kuh gibt auch weiße Milch, jemanden nicht nach Hautfarbe beurteilen

Vür drage höm bejrave höm wal nojene Leähm eren, dat sönt vür Leähmkadette hant ömmer, hant ömmer, dat sönt vür Leähmkadette, hant ömmer joue Mot
Wir tragen ihn, begraben ihn wohl in den Lehm hinein (Grab) das sind wir Lehmträger, haben immer gute Laune. Lüh mött ür leäm ha?(Lied der Lehmträger) Lehm brauchte man, um mit Kohlengrieß vermischt Heizmaterial für den Ofen zu erhalten

De Köttel litt net jot, dat litt an die majer Fott, jetz hant vür dat Maleur, deä Köttel de litt quer
Der Köttel (harte Darmwurst) liegt nicht gut, das liegt an dem mageren Hintern, jetzt haben wir das Malheur, der Köttel der liegt quer

Ene jrauve Sack niehnt me net met Sij
Einen groben Sack näht man nicht aus Seide

Körbergäßchen

Die Zupp schmaacht wal beärefössig
Die suppe schmeckt barfüssig (nach dem Barfußorden), sie schmeckt dünn

Heä hat bei jeddes Jeschäff e paar Jrosche schmuur jemaht
Er hat bei jedem Geschäft ein paar Groschen unerlaubt verdient

Dat es mich pamp ajjen Fengere kleäve bleäve
Das ist mir doch tatsächlich an den Fingern kleben geblieben ist gestohlen

Denke deäht wieh saat et Schanettche än heil sich der Kopp faß
Denken tut weh, sagte Jeannettchen und hielt sich den Kopf

De Naht hat ouch noch e paar Stöndchere saat der Mann, ävvel die bruuch ich vör ze schloffe
Die Nacht hat auch noch ein paar Stündchen, sagte der Mann, aber die brauche ich zum schlafen, jemand dem man zuviel Arbeit aufbürden will

Watsde verdengs än watsde kriß dat sönt zweierlei Saache
Was du verdienst und was du bekommst, das sind zweierlei Sachen

Heä wist dich wahl der reähte Weig ävvel heä selvs jeäht em net
Er weist dir wohl den rechten Weg, aber er selber geht ihn nicht

Döm han ich ens et Schaaf jekroehmt
Dem habe ich mal den Schrank aufgeräumt, ich habe ihn zurecht gewiesen

Baakauf

E Nomenes Pit, e Nommenes Pack, hei de Schöpp än doe de Hack, eißt jet än drenkt jet
Im Namen des Peters, im Namen von Pack (Gesindel) hier ist die Schaufel und da ist die Hacke, esst was und trinkt was (Trinkspruch)

Deä Keäl es ene Schöppbuur
Der Kerl ist ein Pikbauer (Spielkarte) er taugt nichts

Döm singe Tubak piife jetz angere
Dessen Tabak rauchen jetzt andere, er hat alles verloren

Nüüß es onjesonger wie krank ze siie
Nichts ist ungesunder als krank zu sein

Wat mich net jöcht, dat kratzt mich net
Was mich nicht juckt, das kratz mich nicht, ist mir egal

Jang met der Hahn langs jen Heck
Geh mit dem Hahn längs der Hecke, man schickt jemanden fort

Dat es Krau vajen Sankel
Das ist Gesindel von der Sandkaulstraße, früher Milieuviertel

Dat es en rechtije Krent
Das ist eine richtige Korinthe, ein Nörgeler

Wenn de Krep et Peäd noehlüft, da es jet verkieht
Wenn die Krippe dem Pferd nachläuft, dann taugt etwas nicht, wenn Mädchen den Männern nachlaufen

Et jedder, die sönt net för der Jevv, wal för der Krich
Es gibt Leute die sind nicht fürs geben, wohl fürs nehmen

Hotmannspief

Wovör jeähste mich usjene Weäg, mengste ich hei der Krau?
Warum gehst du mir aus dem Weg, meinst du, ich hätte die Krätze, Ausschlag?

Wenn enge ens e Stöcksje Jlöck fonge hat, da könt ene angere än jönt et öm net
Wenn einmal jemand ein Stückchen Glück gefunden hat, dann kommt ein anderer und gönnt es ihm nicht

Et kriische steäht höm noehder wie et laache
Das Weinen steht ihm näher als das Lachen

Dat krigg ich met e Pütschhängsche
Das bekomme ich mit einem Kusshändchen, bekomme ich leicht

Loß jeng Kroddel op di Hazz baschte
Lass keine Kröte auf deinem Herzen brüten, nimm alles etwas leichter

Eng Kroeh peckt de anger jeä Og uus
Eine Krähe hackt der anderen kein Auge aus

Sei dönt der Kroehm zesameschlooe
Sie legen ihren Kram zusammen, sie heiraten

Enge Beddeler jet der niexte de Klenk ejjen Hank
Ein Bettler gibt dem nächsten die Türklinke in die Hand

Rëäht haste ävvel schwijje moßde
Recht hast du, aber schweigen musst du, es ist ratsamer

Granusturm
vom Hühnerdieb aus gesehen

Wo en Frau ejjen Huus feählt do feählt der Rejiir
Wo eine Frau im Haus fehlt, da fehlt die Ordnung

Än wenn et Dalere reänt, heä kritt doch mer Läucher en der Kopp
Und wenn es Taler regnen würde, er würde nur Löcher im Kopf bekommen, er hat kein Glück

Wat es der Ongerscheäd tösche dich än Oche? Oche es e Reänlauch än du bes e Fottlauch
Was ist der Unterschied zwischen dir und Aachen? Aachen ist ein Regenloch und du bist ein Arschloch

De Rëtzeschibbeler haue de Schiene vör de Tram reng
Die Ritzensäuberer (Männer mit einem Schiebeeisen) halten die Schienen für die Straßenbahn sauber

Deä es en e jot Johr jebore
Der ist in einem guten Jahr geboren, es geht ihm gut

Vöjjel die net senge, Klocke die net klenge, Peäder die net sprenge, Kanonne die net kraache, Kenger die net laache, wat sönt dat vör Saache
Vögel die nicht singen, Glocken die nicht klingen, Pferde die nicht springen, Kanonen die nicht krachen, Kinder die nicht lachen, was sind das für Sachen?

Wellste? Froeg me ene Kranke
Willst du? Fragt man einen Kranken

Moß es Zwang, än kriische es Kengerjesangk
Muss ist Zwang und weinen ist Kindergesang

Wehrhafter Schmied
Jakobstraße

Wie ich dat huuet kreäg ich bau jet övver mich
Als ich das hörte habe ich mich aufgeregt

Höm hant se de Krüng jeschore
Ihm haben sie das „Krönchen" geschoren, er wurde Pater

Du has e jot Krüütche ejen Pief
Du hast ein gutes Kräutlein in deiner Pfeife, einen guten Tabak

Der enge dreägt et Krüzz, der angere schleäft et
Der eine trägt sein Kreuz, der andere schleppt es

Dat hat e Küddelche met döm
Die hat ein Verhältnis (meist außerehelich) mit dem

Et jet mer eng schleäte Frau op der Welt, än jedderenge mengt heä hei se
Es gibt nur eine schlechte Frau auf der Welt und jeder meint er hätte sie

Deä hat Kurasch för zeng ävvel jeäht för enge loufe
Er hat Mut für zehn, aber er geht für einen laufen

Juja Puffele ejen Pann, weä dat net kann deä leävt net lang
Juhu „Berliner" in der Pfanne, wer das nicht hat der lebt nicht lang (Lied zu Karneval)

Han es beister wie krijje
Haben ist besser als bekommen

En Kraschtai ejen Täisch brangt de Jech op der Weg
Eine Kastanie in der Tasche bringt die Gicht weg, Aberglaube

Zur „Kaiserkrone"
Alexanderstraße

Dat sall ich noch spetz krijje
Das werde ich noch heraus bekommen

Weil de Kuuelebuuetsche jeiße hass, hass de nu Buuchping
Weil du wilde (und unreife) Kirschen gegessen hast, hast du nun Bauchschmerzen

Jodde Daag Herr Denge, ich kan der Nam net fenge
Guten Tag Herr „Dingen" ich kann den Namen nicht finden

Et Liss hat et vööre, et Bell hat et henge än bei et Nella es et ejjen Medde wat es dat?
Die Lisbeth hat es vorne, die Billa hat es hinten und bei der Nella ist es in der Mitte, was ist das? (das L)

Sag mich dat ens oehne ze laache
Sag mir das mal ohne zu lachen, ich glaube das nicht

Wenn ärrm Lü jet hant, da durt dat net lang
Wenn arme Leute etwas haben, dann hält das nicht lange

En Jeäß hei ouch jeär ene lange Statz, ävvel se kritt em net
Eine Ziege hätte auch gerne einen langen Schwanz, aber sie bekommt keinen, mancher Wunsch geht nicht in Erfüllung

Du kriss et för ene Jrosche va der Maat bes ajje Mönster
Du bekommst für einen Groschen vom Markt bis zum Dom (es handelt es sich um Naturdarm, der sehr billig war)

En jebaschte Schottel hält et längste
Eine Schüssel mit einem Sprung hält am längsten

Zur „Kaiserkrone"
Eingang

Heä es flott met der Hot ävvel langzem ejjen Täisch
Er ist schnell mit dem Hut, aber langsam in der Tasche, er ist zwar sehr höflich, aber er gibt nichts

Beister ene fleddije Lapp wie e fiin lauch
Besser ein schmutziger Flicken als ein schönes Loch

Du has jot laache saat et Honn a der Hahn, du bruuchs jeng Eier ze leäje
Du hast gut lachen, sagte das Huhn zum Hahn, du brauchst keine Eier zu legen

Ich hau ene Dooesch, dat ich en janze Lampett uusjesoufe hei
Ich hatte einen Durst, ich hätte die ganze Waschschüssel austrinken können

Wat mer jelane hat dat moß mer fahre
Was man geladen hat, das muss man fahren, wer sich viel aufbürdet, der muss es auch erledigen

De Lü welle jeär lang leäve, ävvel net ooet steärve
Die Leute wollen gerne lange leben, aber nicht alt sterben

Wenn de Ärmot ejje Huus könt, da flütt de Lejjvde uus et Fenster
Wenn die Armut ins Haus kommt, dann fliegt die Liebe zum Fenster hinaus

Zänkt üch net, kloppt üch lejjver
Zankt euch nicht, schlagt euch lieber

Maria-Hilf-Spital
Jakobstraße

Lenne es net jevve
Leihen ist nicht geben

Ich schriv et mich ongerjen Lappe, da louf ich et av
Ich schreibe mir das unter die Schuhsohlen, dann laufe ich es ab, ich bekomme mein Geld sowieso nicht

Ich han jeng lauße Fennige ejjen Täisch
Ich habe keine losen (überflüssige) Pfennige in der Tasche

Vür hant wat vür bruuche, än dat angert döhnt vür os lenne
Wir haben was wir brauchen, und das andere leihen wir uns

Deä steäht sich selevs en et Let
Der steht sich selber im Licht, er ist ungeschickt

Van aa dat et sterve opkomme es, es mer et Leäve net mieh secher
Seit das Sterben aufgekommen ist, ist man seines Lebens nicht mehr sicher

Du weäds iehr stiif wie riich
Du wirst eher steif (tot) als reich

Je mieh mer en aue Strongs rührt, jemieh stenkt e
Je mehr man in altem Mist rührt, desto mehr stinkt er

Wenn ich der Rüüch han, da well ich ouch der Schmaach han
Wenn ich den Geruch (Essensduft) habe, dann will ich auch den Geschmack haben

Forsthaus Siegel

Me sall leäve än leäve losse
Man soll leben und leben lassen

Ich jlöiv, deä hat en drüj Leäver
Ich glaube, der hat eine trockene Leber, er trinkt gerne

Met die Saache va anger Lü moß mer beister ömjoe wie met de eije
Mit den Sachen von anderen Leuten muss man besser umgehen als mit den eigenen

Der Scha maat dich lues ävvel net riich
Der Schaden macht klug, aber nicht reich

Heä hat sich en et Schnüffjenshuus e Prövje kreäje
Er hat sich im Schnupftabakhaus ein Pröbchen genommen

Weä ene Puckel hat deä kann net metjooeh,
än weä zwei hat, deä moß dernevver jooeh,
än weä drei hat deä moß der Takt schlooe,
än weä vier hat deä moß noh heäm jooeh
Wer einen Buckel hat, der kann nicht mitgehen
Und wer zwei hat, der muss daneben gehen
Und wer drei hat, der muss den Takt schlagen
Und wer vier hat, der muss nach Hause gehen
(Lied, meist zur Karnevalszeit)

Deä hat e paar Puete vör e Fereke kapott ze treäne
Der hat Füße (große) um ein Schwein tot zu treten

Heä hat et Jebönn jepütscht
Er hat den Fußboden geküsst, ist hingefallen

Christuskirche
Ecke Zollernstraße – Herzogstraße

Laachs du övver mich, da laach ich övver dich
Lachst du über mich, dann lache ich über dich

Ich ben net dinge Laaßëäsel
Ich bin nicht dein Lastesel, wenn man zuviel geladen bekommt

Dat Mädche es en loufe Labang
Das Mädchen ist läufig, ist hinter Männern her

Dat es ene fulle versaufe Labbes
Das ist ein fauler, versoffener Kerl

Dat kritt va luuter Klaaf ajen Döere, heäm et Werk net jedoeh
Die bekommt vor ständigem Tratsch an den Türen, zu Hause die Arbeit nicht getan

Dat hat heä jejolde, wie der Ladeschwengel net doe woer
Das hat er gekauft, als der Ladenverkäufer nicht da war, das hat er geklaut

Weä met der Düvel eiße well, deä bruut ene lange Läffel
Wer mit dem Teufel essen will, der muss einen langen Löffel haben

Nu reänt et Riisbrei än du has jenge Läffel
Nun regnet es Reisbrei und du hast keinen Löffel, du hast immer Unglück

Hömmel – Steäre – Anis – Lakretz – Kanonedonner än Bletz
Himmel-Sterne-Anis-Lakritz-Kanonendonner und Blitz (Fluch)

Couvenhaus
Ehrenhof

Ich jlöev, jetz jeäht höm et Lämpche uus
Ich glaube, jetzt geht ihm die Lampe aus, er stirbt

Va werke kam er net esu jau riich weäde wie va troue
Vom arbeiten kann man nicht so schnell reich werden wie vom heiraten

Heä es sich der Röckstrank uusdöie
Er drückt sich das Rückgrat aus, er ist auf dem Klo

Roene es bellijer äls helpe, ävvel nötzt selde jet
Raten ist billiger als helfen, aber nützt selten etwas

Wenn mer van et Stadthuus könt es mer lueser, äls wenn mer eren jeäht
Wenn man vom Rathaus kommt ist man schlauer, als wenn man rein geht

En Katz kannsde hondertmoel roffe, se hürt dich wal, ävvel se köent net
Eine Katze kannst du hundert mal rufen, sie hört dich zwar, aber sie kommt nicht

Va völ rötsche weäd der Boksesölle dönn
Vom vielen rutschen wird der Hosenboden dünn, vom vielen Gebrauch werden die Dinge alt

Weä kau Häng hat deä kann se sich ouch an ene Peädsköttel wärme
Wer kalte Hände hat, der kann sie sich auch an einem Pferdeapfel wärmen, es gibt für alles eine Lösung

Technische Hochschule
Chemisches Labor

Deä es riif vör de Bejaade
Der ist reif für das Alexianer-Krankenhaus (Psychiatrie)

Heä mengt heä küent at Böim uusriße än schafft jrad ene majere Tack
Er meint, er könnte schon Bäume ausreißen, und schafft gerade einen dünnen Ast, er ist noch nicht ganz genesen

Ene jedriehnde Rock es net jot
Ein gedrehter Rock ist nicht gut, wer seine Religion gewechselt hat (katholisch zu evangelisch)

Deä es schalues wie ene lampesche Hahn
Der ist eifersüchtig wie ein lombardischer Hahn

Döm hat selevs der Düvel lausjelosse
Den hat selbst der Teufel los gelassen, der taugt nicht

Wie der Jrueßvadder jong wor , wor et ouch net angesch wie hü
Als der Großvater jung war, war es auch nicht anders als heute

Weä sich net satt jeäße hat , deä leckt sich ouch net satt
Wer sich nicht satt isst, der leckt sich auch nicht satt, wenn Kinder den Teller ablecken wollen

Jliiche Diere lecke sich jeär
Gleiche Tiere lecken sich gerne, gleich und gleich gesellt sich gern

Et jett jeä jrueßer Leäd, als wat mer sich selevs aadeät
Es gibt kein größer Leid, als was man sich selber antut

Gelbe Kaserne
heute Kennedypark, Elsaßstraße

Ich jlöiv deä hat Liim ajjen Boks
Ich glaube, der hat Leim an der Hose, geht nicht nach Hause

De Peps es mich op et Liiv jefloge
Die Erkältung ist mir auf den Leib geflogen

Ich ben jeloufe, dat ich en enge Lötter ben
Ich bin gelaufen, das ich in einer Lauge war, nass geschwitzt

Jangk noe Möckebömmele, wo de Hong met de Fott bletsche
Geh nach „Möckebömmele" (Phantasieort), wo die Hunde mit dem Hintern bellen, wenn man jemanden los werden will

Deä es net kooet än net wärm, net Fesch än net Fleäsch
Der ist nicht kalt und nicht warm, nicht Fisch und nicht Fleisch

Weä jeloevt weäde well, deä moß sterve
Wer gelobt werden will muss sterben

Deä es net a de iechte Lög jestorve, söns wöere at lang duet
Der ist nicht an der ersten Lüge gestorben, sonst wäre er lange tot

Me es net ze ooet för jet ze liehre, saat dat ooet Wiiv än liehret noch et hexe
Man ist nie zu alt, um etwas zu lernen, sagte das alte Weib und lernte noch das hexen

Deä kann ene Honk va der Ovvend locke
Der kann einen Hund vom Ofen weg locken, der weiß, wie man es anstellt, jemanden zu überzeugen

Hauptpost
Kapuzinergraben

Weä sich övver anger Lüts Leäd freut, döm blöiht bau selevs et singt
Wer sich über anderer Leute Leid freut, dem blüht bald selber das seine

Wo alles leäg es, do kann ouch nüüs jeklaut weäde
Wo alles leer ist, da kann auch nichts gestohlen werden

Jenge Pötz es esu deip, als dat mer em net leäg kritt
Kein Tümpel ist so tief, als dass man ihn nicht leer bekommt

De Hengeschte komme et leiste dra
Die hintersten kommen als letzte dran

Wat net hevve kann, dat moß me lijje losse
Was man nicht heben kann, das soll man liegen lassen, sich nicht zu schweres aufladen

Heä hat e Kerv op der Stier
Er hat eine Wunde an der Stirne

Tüürelüüre Lißje uus Klapperjaaß, hau dat Kengche si Böksje esu naaß
Haue die Schelme va Jonge jedooe, haue dat Lißje net pesse losse jooeh
Türelüre (Phantasiewort) Lieschen aus Klappergasse, hatte das Mädchen das Höschen so nass, hatten die Schelme von Jungen getan, hatten das Ließchen nicht pipi machen lassen gehen

Dat ärrm Oos hat e Ärrm-Lütsliiv
Das arme Menschenkind hat einen Arme-Leute-Leib, ist spindeldürr

Dreifaltigkeits-Kirche
Martin-Luther-Straße

Sei kann hör eje Leäd net verschwijje
Sie kann ihr eigenes Leid nicht verschweigen, sie muss über alles reden

Weä ze leist laacht, deä laacht et beiste
Wer zuletzt lacht, der lacht am besten

Mer sall sich net iehder uusduue, bes me sich do lät
Man soll sich nicht eher ausziehen, bevor man sich hinlegt

Jot eiße än drenke hält Liiv än Siel zesame
Gut essen und trinken hält Leib und Seele zusammen

Wat ich do jehuuet han, dat litt mich schwor op der Maag
Was ich da gehört habe liegt mir schwer auf dem Magen

Dodörch kans de e Kette än Bäng komme
Dadurch (durch eine Untat) kannst du in Kette und Banden kommen

Me söckt jenge henger en Heck, ov me hat selevs dorhenger jeleäje
Man sucht niemanden hinter einer Hecke oder man hat selber dahinter gelegen, man soll bei anderen keine Fehler suchen, wenn man selber welche hat

Ärrm Lüts Jeld es esu jott wie dat va riiche Lü
Armer Leute Geld ist genau so viel wert, wie das von reichen Leuten

Jecke sönt ouch Mensche, söns wöre ejjen Bejaade Ferkens
Irre sind auch Menschen, sonst wären im Alexianer-Krankenhaus (Psychiatrie) nur Schweine

Waldschlößchen

Dat es ene Keäl wie ene Boum met e Jemöit wie e Kenk
Das ist ein Kerl wie ein Baum mit einem Gemüt wie ein Kind

Da sprengt mich de Quënt
Da werde ich rasend

Deä kümmt at wenn heä ene Fozz querlijje hat
Der jammert schon, wenn er eine Blähung quer liegen hat

Lang jelennt es noch net quitt jeschlage
Lange geliehen ist noch lange nicht geschenkt

Ene Fullig räist sich van et morjens bes de ovvends
Ein Faulenzer rastet von morgens bis abends

Et jet jeä Festäng ov heä moß derbei siie
Es gibt kein Fest oder er muss dabei sein, er ist ein Schmarotzer

Deä ka sich met ene Wäischlapp keime
Er kann sich mit einem Waschlappen (Schwamm) kämmen

Sei worp derjanze Ratteplang uusje Fenster
Sie warf den Hausrat und seine Sachen aus dem Fenster

Va de au Rave liere de jonge et klaue
Von den alten Raben lernen die Jungen das stehlen

Dat hat jenge Jerouch än jenge Schmaach
Das hat keinen Geruch und keinen Geschmack, duftet nicht, schmeckt nicht

Aussichtsturm

E Luet jlöck es döcks mieh weäd wie hondert Ponk Verstank
Ein Lot Glück ist oft mehr wert, als hundert Pfund Verstand

Deä lüggt wie ene Duedezeddel
Der lügt wie ein Totenzettel

Wiets du Mann wooede bes ben ich Frau wooede
Als du Mann geworden bist, bin ich Frau geworden, ich bin genau so viel wert wie du

Ene domme Mann jet mieh als heä kann
Ein dummer Mann gibt mehr als er kann (hat)

Deä deäht et Mänktelche noh der Wenk driehne
Der dreht sein Mäntelchen nach dem Wind, er schaut wo er Vorteile hat

Et es net luues de Katz op de Mëlich oppaaße ze losse
Es ist nicht schlau, die Katze auf die Milch aufpassen zu lassen, man soll zur Aufsicht nicht die falsche Person wählen

Dat es mär jet vör de Mull ze zänke
Das ist nur etwas um den Mund zu zanken, es ist zu wenig

Reänt et op Maria Siif (2. Juli) da reänt et vezzig Dag än wenn et net reänt eänänvezzig
Regnet es auf Maria Heimsuchung (2. Juli) dann regnet es vierzig Tage und wenn es nicht regnet einundvierzig

Ene Daler flütt flotter uus jen Täisch, wie ene Jrosche eren
Ein Taler fliegt schneller aus der Tasche, als ein Groschen hinein

Zent Zellester
Savatorberg

Heä well atwiehrens der decke Wellem markïere
Er will wieder den dicken Wilhelm rauskehren, er gibt an

Du kanns mich ens a M… arschierpoetz bejeäne
Du kannst mir mal am Marschiertor begegnen, Götzzitat

Wenn de Katz Müs fängt da mautse net
Wenn die Katze Mäuse fängt, dann miaut sie nicht

Du has jo mär Maumännchere jereäve
Deine Schrift ist nur ein Gekritzel, ist nicht schön

Dat duert va zwellef bes Meddag
Das dauert von zwölf bis Mittag, also nicht lange

En au Ratt kam e net lieht fange
Eine alte Ratte kann man nicht leicht fangen, einen alten Fuchs kann man nicht leicht rein legen

Koem vür jönt Peädsköttele söcke, ich met de Häng än du met de Zäng
Komm wir gehen Pferdeäpfel suchen, ich mit den Händen und du mit den Zähnen, man missachtet jemanden

Wenn ene Mann jeräist es, kann heä jot werke
Wenn ein Mann ausgeruht ist, kann er besser arbeiten

Bei et lenne bes de jau Frönd än Fennige ladritt
Beim verleihen bist du schnell Freund und Geld los

Dat Jöngsje kritt noch de Mämm wenne ejjen Schuel könt
Der Junge bekommt noch die Brust, wenn er in die Schule kommt, wird zu lange gestillt

Weä jeld wat heä sitt es jau sing Fennige quitt
Wer kauft was er sieht, ist schnell sein Geld los

leäver ene labendije Eäsel wie e dued Peäd
Lieber einen lebendigen Esel, als ein totes Pferd

Heär vür sönt perdü. Jot ich heiß Klös
Herr wir sind verloren (der Aachener versteht per du und sagt) gut, ich heiße Klaus

Du bes ene evanjelische Peßpott
Du bist ein evangelischer Pisspott (Schimpfwort für einen Protestanten) im streng katholischen Aachen

Jong ich han de Piif av
Junge ich habe die Pfeife ab, ich bekomme keine Luft mehr

Jeld uusjevve än Zäng uustrecke kaust evve völ Ping
Geld ausgeben und Zähne ziehen sind die gleichen Schmerzen

Döm sönt de Plagge ejjeschlage
Das ist ihm aufs Gemüt geschlagen, er ist fertig

Steäht et Mönster noch op der nämmelije Platsch
Steht der Dom noch auf seinem alten Platz? Zwischenfrage, wenn jemand eine langweilige Rede hält

Dat es e Malöörche va dat Mädche
Das ist ein Unglück von einem Mädchen, sie ist nicht gut geraten

Deä majere Perreck hat noch jeng Platsch vör Buuchping
Der ist so mager, der hat noch keinen Platz für Bauchweh

Die Stadtmauer und die Stadttore

Im Jahre 1171 ordnete Kaiser Barbarossa an, dass Aachen eine Stadtmauer erhalten sollte. Man begann den inneren Ring zu bauen (die heutigen „Graben"). Sie hieß damals „Barbarossamauer"

Keine 50 Jahre später war dieser Ring schon zu klein und wurde ab etwa 1215 erweitert. Man errichtete ab etwa 1257 die Haupttore: Marschiertor, Jakobstor, Ponttor und Kölntor. In den Jahren 1320 bis 1357 gelang die Fertigstellung von 11 Toren und zwar, beginnend an der Franzstraße im Uhrzeigersinn:

Marschiertor , Rostor, Jakobstor, Vaalsertor, Königstor, Ponttor, Bergtor, Sandkaultor, Kölntor, Adalbertstor und Wirichsbongardstor.

Heute sind noch erhalten und genutzt: das Marschiertor (von der Stadtgarde Oecher Penn und das Ponttor von den Pfadfindern)
Dazu kamen 22 Türme, von denen noch der Pulverturm und der Pfaffenturm erhalten sind.

Die Gesamtlänge der Befestigungsmauer betrug ca. 5.400 Meter

Marschiertor
obere Franzstraße

Deä plättsch wie e Fereke
Der schmatzt wie ein Schwein

Het plëmpet mich met e Og
Er zwinkerte mir mit einem Auge zu

Wenn et Kenk böekt, kritt et de Lutsch
Wenn ein Kind schreit, bekommt es den Schnuller

Der Mond schingt än de Steäre lüüehte
Der Mond scheint und die Sterne leuchten

Va döm han ich en Klock hüre luwwe
Von dem habe ich eine Glocke läuten gehört, der hat etwas auf dem Kerbholz

Du maachs atwier uus ene Fozz ene Donnerschlag
Du machst aus einer Blähung einen Donnerschlag, du übertreibst

Vör e Kotelett loß ich de fingste Meählpapp stooeh
Für ein Kotelett lasse ich die feinste Mehlpappe stehen

Winie wor dat? Tösche Maastrech än Allerhellije
Wann war das? Zwischen Maastricht und Allerheilgen (dumme Antwort)

Heä hat Mot wie e Peäd än Mattes wie en Fleg
Er hat Mut wie ein Pferd, aber Kraft wie eine Fliege

Hat der Mann e Ämtche speält de Frau Madämmche
Hat der Mann ein Amt, dann spielt die Frau eine Madam, sie wird hochnäsig

Kölntor

E jeschonke Peäd kickt mer net ejjen Mull
Einem geschenkten Gaul, schaut man nicht ins Maul

Heä es net Jeck ävvel ouch noch lang net luues
Er ist nicht dumm, aber auch nicht schlau

Du bes en jou Keäz ävvel du lüüehts net
Du bist eine gute Kerze, aber du leuchtest nicht, stehst im Licht

Et es nüüß hoffeädijer open Eäd, als wenn en Mag Madamm weäd
Es ist nichts hochnäsiger auf der Erde, als wenn eine Magd Madam wird

Dat Frommech wöl ich noch net han, än wenn et de Fott met Jold behange hai
Diese Frau wollte ich noch nicht haben und wenn sie den Hintern mit Gold behangen hätte

Leiver der Mag verrenkt, wie der Wiiet jet jeschenkt
Lieber den Magen verrenkt, als dem Wirt was geschenkt

Wo jenge Mann es do es jenge Roet, wo jeng Frau es do es jenge Stoet
Wo kein Mann ist, da ist kein Rat, wo keine Frau ist, da ist kein Staat, keine Ordnung

Heä hängt et Mänktelche dröver
Er hängt ein Mäntelchen darüber, verschweigt die Sache

Wenn Mannslü kaate, setzt onger der Dösch der Düvel
Wenn Männer Karten spielen, sitzt unter dem Tisch der Teufel

Adalbertstor

Wöm de Schong paaßt deä kann em sich jo aadue
Wem der Schuh passt, der kann ihn sich anziehen

Op jeddes Pöttche paaßt e Deckelche
Auf jedes Pöttchen passt ein Deckelchen

A döm es jenge pack aa
Den kann man nicht anpacken, ist zu dünn oder zu gerissen

Dat Kenk es noch e Pannestäzzje
Das Kind ist noch ein „Pfannenschwänzchen", Ausdruck für ein Kind, das noch nicht getauft ist

Wenn der Düvel sich et Peäd kritt, da kann heä ouch der Saddel han
Wenn der Teufel sich das Pferd nimmt, dann kann er auch den Sattel haben, wer mich ruinieren will, kann alles haben

Va deä Panschhonk kriß de nüüß
Von diesem Geizhals bekommst du nichts

**Vür lappe, vür pappe, schlönt kräftig op die Penn, denn all die Schusterjonge hant ömmer, hant ömmer,
denn all die Schusterjonge hant ömmer joue Senn**
wir sohlen, wir leimen, schlagen kräftig auf die Pinne, denn alle Schusterjungen haben immer gute Laune (Handwerkerlied ähnlich wie das Lied der Lehmknechte)

Die Katz hat der Welmot
Die Katze ist übermütig

Deä Splenter hooel ich dich met et Noppïser eruus
Den Splitter hole ich mit der Pinzette heraus

Rostor

Et weäd jestüüt ouch wenn jeä Bruet ejjen Huus es
Es wird angegeben, auch wenn kein Brot im Haus ist

Deä Keäl es ene fahle Politter
Der Kerl ist ein brutaler Schläger

Et weäd Zitt dat de ens onger de Pomp jeäß
Es wird Zeit, dass du mal unter die Pumpe kommst, dass du dich mal wäschst

Wie witt löift ene Wouf en der Bösch eren? Bes heä en de Meddsde aaköent, da jeäht heä wier eruus
Wie weit läuft ein Wolf in den Wald hinein? Bis er in der Mitte ankommt, dann läuft er wieder raus

Wenn de Müs satt sönt, da es hön et Meähl better
Wenn die Mäuse satt sind, dann ist ihnen das Mehl bitter

Heä well ene Bock melke
Er will einen Bock melken, er versucht etwas Unmögliches

Jecke menge, Luese wesse
Jecken meinen, Kluge wissen

Die Hoddelemull brengt Jott än alle Mensche aneä
Dieses Schandmaul bringt Gott und alle Menschen in Streit

Heä hat sing fönnef Menütte
Er hat seine fünf Minuten, er hat schlechte Laune

Du moß jenge Hellije aabeäne deä jeä Mërakel deäht
Du musst keinen Heiligen anbeten, der kein Wunder vollbringt

Sandkaultor

E jot Peäd fengt mer ejjene Stall än e braav Mäddche ejjen Huus
Ein gutes Pferd findet man im Stall und ein braves Mädchen im Haus

Dat es ene Pastuur helpmichjau
Das ist ein Pastor Hilfmirschnell, er macht eine leichte Beichte

Heä es esu jefftig wie ene Pät
Er ist so giftig wie eine Kröte

Pack schleät sich än Pack verdreät sich
Pack schlägt und Pack verträgt sich

Beister en kleng eije Hött wie ene jelennde Palass
Besser eine kleine eigene Hütte, als einen geliehenen Palast

Wenn ich ejjen Häng Klatsch, da moßde ding Uhre net dertösche haue
Wenn ich in die Hände klatsche, dann darfst du nicht deine Ohren dazwischen halten, sonst wird es eine Ohrfeige

Ich han enge op de Pann lijje
Ich habe einen auf der Pfanne liegen, ich muss dringend aufs Klo

Ich han enge en et Fenster lijje
Ich habe einen im Fenster liegen, gleiche Bedeutung

Dat sengt wie ene Fotz en e Meähldöppe
Die singt wie eine Blähung in einer Mehlschüssel

Vaalsertor

E Fraulüttshor ka mieh trecke wie zeng Peäd
Ein Frauenhaar kann mehr ziehen, als zehn Pferde, ein Frauenhaar kann Männer anziehen

Deä es der Düvel uusjen Pann jespronge
Der ist dem Teufel aus der Pfanne gesprungen, der ist noch zu schlecht für die Hölle

Enge enzige Ooehß jet mieh Meiß wie dusend Nahtijalle
Ein einziger Ochse gibt mehr Mist, als tausend Nachtigallen

Eiß Telder än Jaffel net met
Esse Teller und Gabel nicht mit, wenn einer gierig isst

Du jeähß met op et Heämblivkärche
Du gehst mit auf dem Zuhausebleibwägelchen, du gehst nicht mit

Me miehnt mer dat wat me jesient hat
Man mäht nur das, was man gesät hat

Moddereschueß es ärrm ävvel wärm
Mutterschoß ist arm, aber warm

Weä vör ene Eäsel jebore es, deä könt net aan e Peäd
Wer für einen Esel geboren ist, der kommt nicht an ein Pferd

Ene Fullig dräht sich at möi an ene leäge Sack
Ein Faulenzer trägt sich schon müde an einem leeren Sack

Deä könt wie der Mostert noeh de Moehlzitt
Der kommt wie der Senf nach der Mahlzeit, kommt immer zu spät

Jonastor
Burtscheid

Heä es van et Peäd op der Honk komme
Er ist vom Pferd auf den Hund gekommen, er ist verarmt

Et klaaft sich jot op Öchisch, et lügt sich jot op Öchisch än et flokt sich ouch jot op Öchisch
Es tratscht sich gut auf Aachener Platt, es lügt sich gut auf Platt und es flucht sich auch gut auf Platt

Woran es deä jestorve? Heä hat et oehme verjeiße
Woran ist er gestorben? Er hat das atmen vergessen

Heä laacht met dat e Og än kriischt met dat angert
Er lacht mit dem einen Auge und weint mit dem anderen, er ist zwiespältig

Uus et Moddere Döppe es jot schöppe
Aus der Schüssel der Mutter ist gut schaufeln, Hotel Mama

Dat es ouch net op dinge Meiß jewahße
Das ist auch nicht auf deinem Mist gewachsen, hast du nicht erfunden

Die Boks moß paaße, bei ärrm Lü es alles op e Moeß
Die Hose muss passen, bei armen Leuten ist alles auf seinem Maß, kann nichts angepasst werden

Heä hat sich e Möffelche ejene Nack jeschlooe
Er hat sich eine Pummelige angelacht

Dat Mädche es mich leäver rüeh, wie si Modder jekoucht
Das Mädchen ist mir lieber roh, als seine Mutter gebraten

Der lange Turm

Beister zweimoel jemeiße wie eämoel verjeiße
Besser zweimal gemessen, als einmal vergessen

Menech enge moß mer der Stöb uus jen Oue bloese
Manch einem muss man den Staub aus den Augen blasen, damit der klar sieht

Et könt net ömmer alles möngchensmoeß
Es kommt nicht immer mundgerecht

Wenn de Onjeschuvvte opstöhnt da falle de Stöihl öm
Wenn die Ungehobelten aufstehen, dann fallen die Stühle um

Et kicke hat mer ömmesöns
Das Anschauen hat man kostenlos

Heä deät krank än onjesonk än freißt doch wie ene Schoefshonk
Er tut krank und ungesund und isst wie ein Schäferhund, er ist ein Simulant

Weä et Onjlöck sall ha, deä brecht sich ene Fenger ejjen Nas
Wer das Unglück haben soll, der bricht sich den Finger in der Nase

Deä hat en Mull wie en Meißtekull
Die hat ein Mundwerk, wie eine Mistgrube, redet nur unflätiges Zeug

Vür haue op Zent Zellester der Vojjel an et stoeh
Wir haben auf dem Salvatorberg den Drachen steigen lassen

Frankenburg

Die Längde hat de van ene Honk meiße losse, deä hat ene Stazz zoujejovve
Die Länge hat er von einem Hund messen lassen und der hat noch den Schwanz dazu gegeben

Het es en kau Mösch
Das (Mädchen) ist ein kalter Spatz, sie friert ständig

Deä Telder es e dausend Moschele jefalle
Der Teller ist in tausend Muscheln (Schwerben) gefallen

Weä der Düvel baade well, deä moß selever reng siie
Wer den Teufel baden will, der muss selber rein sein

Beister en Fleg jefange als fuul jestange
Besser eine Fliege gefangen, als nur faul herum gestanden

Jot verlore es nüüß verlore, der Mot verlore es hauv verlore, de Iehr verlore es alles verlore
Gut verloren ist nichts verloren, den Mut verloren ist halb verloren, die Ehre verloren ist alles verloren

Dat krigg ich net ongerjen Mötsch
Das bekomme ich nicht unter die Mütze, verstehe ich nicht

Woe et Muede es do jöhnt de Verkens op Pömps
Wo es Mode ist da tragen die Schweine Pömps

Wat net jot es vör der Monk, dat nömmt der Honk
Was nicht gut ist für den Mund, das nimmt der Hund

Et Muffe es jeng Ervsönd
Schmollen und Trotz sind keine Erbsünde, ist vermeidbar

Bergfried
vom Katschhof gesehen

Wat woere vür noch anger Keäls
Was waren wir doch noch für Kerle, wenn ältere Männer sich noch sehnsüchtig an ihre Jugend erinnern

Woe völ Kenger sönd, doe tröckt e et angert jrueß
Wo viele Kinder sind, da zieht eins das andere groß

Hol mich e Pënksje Schabau
Hol mir ein viertel Liter Schnaps (Penk = ¼ Liter)

Wat mer net alles schlecke kann, saat der Furhmann, wie heä Peäd än Kar versaufe hau.
Was man nicht alles schlucken kann, sagte der Fuhrmann, als er Pferd und Wagen versoffen hatte

Et niexte moel kriss de de Katz jelennt, die könt van alleng wier
Das nächste Mal bekommst du die Katze geliehen, denn die kommt von alleine zurück (jemand, der geliehenes nicht zurück gibt)

Deä setzt doe, wie en Aff op ene Schliefsteän
Der sitzt da, wie ein Affe auf einem Schleifstein, hat eine unglückliche Haltung

Dat kaust mer fönnef Fengere än enge Jreff
Das kostet fünf Finger und ein Griff, es ist gestohlen

Kick ens an höm
Schau dir ihn an (zu einem eitlen Angeber)

Woe et Hazz va voll es, do löüft der Monk van övver
Wo das Herz von voll ist, da läuft der Mund von über, wer verliebt ist, der muss das überall erzählen

Maach der Monk zou et tröckt
Mach den Mund zu es zieht, wenn jemand mit offenem Mund steht

Bei döm jeäht der Monnd op
Bei dem geht der Mond auf, er bekommt eine Glatze

Et schingt net mieh Muede ze siie, dat mer sing Schölde bezahlt
Es scheint nicht mehr Mode zu sein, dass man seine Schulden bezahlt

E Wief wat ejene Muffstouhl setzt, döm krißde net an et laache
Ein Weib, das im Schmollstuhl sitzt, das kriegst du nicht zum lachen

Ene schwazze Muhr feil op Jröngdonnesteg en et Rue Meer, wie wor heä du?
Ein schwarzer Mohr fiel auf Gründonnerstag in das rote Meer, wie war er da? (nass)

Beister ens jot jebloese, wie de Mull verbrankt
Besser einmal gut geblasen, als den Mund verbrannt

Maach der Monk zou, da hasde ouch jenge Dörchzog
Mach den Mund zu, dann hast du auch keinen Durchzug

Döm höng mer et beiste en Kluuster ajjen Mull
Dem würde man am besten ein Vorhängeschloss an den Mund hängen, er redet zuviel

En au Katz verbrennt sich net de Mull an en heiße Woesch
Eine alte Katze verbrennt sich nicht den Mund an einer heißen Wurst

Deä ka mieh met den Mull, wie angere met de Häng
Der kann mehr mit dem Mund, als andere mit den Händen, er ist ein Angeber

Drei Mürer sönt schlemmer wie vier Verkens
Drei Maurer sind schlimmer, als vier Schweine, sie machen viel Dreck

Bei Wienands hant se hü ene Daachhas ejje Döppe
Bei Wienands haben sie einen Dachhasen im Topf, eine Katze

Deä es atwier en alle Schaußer an et muse
Der schaut wieder alle Schubladen nach, er ist neugierig

De Jonge haue e Müssje jefange
Die Jungen haben ein Mäuschen gefangen, sie haben geklingelt

Heä hat nu der Nöttere jebrauche
Er hat nun das Nüchterne gebrochen, er hat gegessen, ist nicht mehr nüchtern

Pack dich selevs met ding eje Nas
Fass dich mal selber an deine Nase, kehr vor deiner eigenen Tür

Spaß moß siie bei de Liich än der Jrazïes, söns jeäht jenge met
Spaß muss sein bei der Leiche und dem Beerdigungskaffee, sonst geht keiner mit (ein etwas makaberer Ausspruch)

Weä liieht jlöivt es liieht bedroge
Wer leicht glaubt, ist leicht betrogen

De Matant es uus der Liim jejange
Die Tante ist aus dem Leim gegangen, sie ist dick geworden

Klejjer maache Lü än Lompe maache Flüeh
Kleider machen Leute und Lumpen machen Flöhe

Die Puute hüre net än wenn de dich de Long uusje Liiv bööks
Die Kinder hören nicht und wenn man sich die Lunge aus dem Leib brüllt

Heä es op Muulenshöh, do kritte frei Kauß än Loschie
Er ist im Gefängnis, da bekommt er freie Kost und Logie Muulenshöh war das alte Gefängnis auf dem Adalbersteinweg

Aat let net va Aat
Art lässt nicht von Art, gleich und gleich gesellt sich gern

Wat de net faaß haue kanns, dat moß de loufe losse
Was du nicht fassen kannst, das sollst du laufen lassen

Et wahßt net jenog Heu, vör jeder enge de Mull ze stoppe
Es wächst nicht genug Heu um jedem das Maul zu stopfen

**Opene Pläi, nommere zwei, wooehnt der Heär Kapellmann, wenn heä nüüß ze duue hat, da kaucht heä sich ene Schwellmann.
Es deä Schwellmann höm ze heäß, da fängt heä an et bloese, es deä Schwellmann da ze kooet, da fängt heä an et roese.**

Ein Kinderlied:
Auf dem Platz nummer zwei, wohnt der Herr Kapellmann,
wenn er nichts zu tun hat, dann kocht er sich eine Pellkartoffel,
ist die Pellkartoffel ihm zu heiß, dann fängt er an zu blasen,
ist die Pellkartoffel dann zu kalt, dann fängt er an zu rasen

**Der Üllespejjel opene Maat, deä hau e Fengerhötsche,
wenn heä nüüß ze niehne hau, da kraulete sich et Föttche**
Noch ein Kinderlied:
Der Eulenspiegel auf dem Markt, der hatte ein Fingerhütchen,
wenn er nichts zu tun hatte, dann kraulte er sich das Popöchen

Än es e Flüüehche noch esu kleng, et bießt
Und ist ein Flöhchen noch so klein, es beißt

Hü weäds de jepütscht än jeleckt, än morje kriss de se met der Steck
Heute wirst du geküsst und geleckt und morgen bekommst du Schläge mit dem Stock (deine Taten sind vergessen)

Dat es ene fulle Pöngel
Das ist ein faules Bündel

Deä es ze näü vör enge ze jevve
Der ist zu geizig, um etwas zu geben

Aachener Bürgerinnen und Bürger

Du moß oppaaße, der Pastur preädigt ouch jeng zweimoel
Du musst aufpassen, musst aufmerksam sein, der pastor predigt auch keine zwei mal

Do haßde dich ävvel jetopjepöngelt, dat sall dich noch schwor weäde
Da hast du dir aber etwas aufgeladen (vorgenommen), das soll dir noch schwer werden

Heä hat enge nevver sich loufe
Er hat einen neben sich laufen (er ist nicht ganz normal oder er ist betrunken)

Deä es opjereägd wie ene Ooemeseäkehouf
Der ist aufgeregt wie ein Ameisenhaufen

Heä kann va luuter Freiße net mieh Papp sage
Er kann vor lauter essen nicht mehr Papp sagen

Wat nötzt mich ene jölde Jallig, wenn ich da hange moß
Was nützt mir ein goldener Galgen, wenn ich daran hängen muss (wenn man bei einer Geldheirat abhängig ist)

Wat der enge singe Scha, dat es der angere singe Notze
Was dem einen sein Schaden, das ist dem anderen sein Nutzen

Der enge sing Nuet es der angere si Bruet
Dem einen seine Not ist dem anderen sein Brot

Dat es en rechtije au Nas
Das ist eine richtige alte Nase, er ist neugierig

Ene Mann es et Höit ejje Huus, ävvel de Frau es de Kruen drop
Ein Mann ist der Kopf im Haus, aber die Frau ist die Krone darauf

**Die Wochentage S-M-D-M-D-F-S sollen heißen:
saag Mann du moß ding Frau schlooen
die Frau sagt darauf, man muss es rückwärts lesen :
saag Frau du moß dinge Mann schlooen**
*Die Anfangsbuchstaben der Wochentage S-M-D-M-D-F-S sollen heißen:
sag Mann, du musst deine Frau schlagen
die Frau antwortet, du musst es rückwärts lesen:
sag Frau, du musst deinen Mann schlagen*

E Frommech wie en Meäl än sengt wie en Mösch
Eine Frau wie eine Amsel und sie singt wie ein Spatz

Deä sengt alles op eng Mëledëi
Der singt alles auf eine Melodie, egal wie er es sagt, es ist immer das Gleiche

Deä hat jet vör ejjen Mëlich ze zoppe
Der hat etwas um in die Milch zu tunken , er ist gut betucht

Ärrm Lüts Ferkens sönt jau fett än riicher Lüts Kenger sönt jau ooet
Armer Leute Schweine sind schnell fett und reicher Leute Kinder sind schnell alt, d.h. sie werden früh verheiratet und können ihre Jugend nicht genießen

Deä Jong kritt heäm mieh Konkele wie ze freiße
Der Junge bekommt zu Hause mehr Prügel als zu essen

Hei än doe e Dröpche Klore, hält der Mann op de Johre
Hier und da ein Tröpfchen Klaren, hält den Mann auf die Jahre

Ene aue Klore alle Dag, es jot för Kopp än Hazz än Mag
Ein alter Klarer alle Tage, ist gut für den Kopf, für das Herz und den Magen

Sei hant noch net ens e Knäppche Bruet en et Huus
Sie haben noch nicht einmal einen Kanten Brot im Haus, sie sind sehr arm

Dat es en schönn Zooet Kning
Das ist eine schöne Sorte Kaninchen, das ist Pöbel

Än wenn et mich der leiste Knouf vajjen Boks kostet
Und wenn es mich den letzten Knopf von der Hose kostet, das werde ich mir leisten

Ich han häm ene Knuff jejevve, dat e ene Kockelebooetsch schloeg
Ich habe ihm einen Schubs gegeben, das er einen Purzelbaum schlug

Döm siiehn ich jeär komme, ävvel noch leäver jooeh.
Den sehe ich gerne kommen, aber noch lieber gehen

Döm jeäht der Stier bes ejjene Nack
Dem geht die Stirne bis zum Nacken, er hat eine Glatze

De Weich fängt at jot aa, saat der Spetzbouf än du honge se höm op
Die Woche fängt schon gut an, sagte der Dieb und da wurde er gehängt

Deä Witz es esu ooet wie der Wouf ajjje Mönster
Dieser Witz ist so alt wie der Wolf am Dom

Dat es ouch en jrueße Monstranz en e kleng Kapellche
Das ist auch eine große Monstranz in einer kleinen Kapelle, er ist ein Gernegroß, er gibt sich mehr als er ist

Heä schreiet Hölep än Mooed
Er schreit Hilfe und Mord, wenn jemand laut um Hilfe ruft

Ejal wat könt, deä Zeweäschdriver hat jet dojeje
Egal was kommt, der Quertreiber hat immer etwas dagegen

Koem, morje frösch es de Naht öm
Komm, morgen früh ist die Nacht vorbei, jemand wird aufgefordert ein Fest zu beenden, heim zu gehen

Deä hat Mösche ongerjen Kapp
Der hat Spatzen unter der Mütze, er behält seine Kopfbedeckung auf, obwohl es angebracht wäre sie ab zu setzen

Wenn ich dat sieh, da weäd et mich knapp kollig
Wenn ich das sehe, dann wird mir schlecht

Wenn ich döm sieh, da siehn ich minge Onwell
Wenn ich den sehe, dann sehe ich meinen Unwillen

Köns de hü net da köns de morje, eämoel bes de doe
Kommst du heute nicht, dann kommst du morgen, einmal bist du da

Wenns de troue wels, da loß va Möllisch Dööehter än va Pastüesch Köjjenne de Fengere
Wenn du heiraten willst, dann lass die Finger von Pastorenköchinnen und von des Müllers Töchter, das sind keine einfachen Frauen

Wenn et reänt, da maach et wie de Kölsche, die losse et reäne
Wenn es regnet, dann mach es wie die Kölner, die lassen es regnen

Heä es ejjen Woll jefärvt
Er ist in der Wolle gefärbt, das ist ein Echter oder Durchtriebener

Heä tröckt höm de Wöif uusjen Nas
Er zieht ihm die Popel aus der Nase, er horcht ihn aus

Aachener Bürgerinnen und Kinder

Dat es jot esu, et es jo vör ene faaßte Kond
Das ist gut so, das ist für einen festen Kunden, der wird immer wieder bei mir arbeiten lassen

Dat hat höm der Knapp jejovve
Das hat ihm einen Schlag versetzt, er ist am Ende

Wenn ich dich krigg, da kanns de ding Knäuchsjere nommeriere
Wenn ich dich kriege, dann kannst du deine Knöchelchen nummerieren, dann bekommst du Schläge

Die hant va morjens bes ovvens mer luuter Knies än Knebbel
Die haben von morgens bis abends nur Streit und Zank

Haits de mich jester aajestalt, da wür ich hü dinge Kneäht
Hättest du mich gestern angestellt, dann wäre ich heute dein Knecht, wenn jemand immer wieder Dienstleistungen verlangt

Bei die Priiese weäd et mich kollig
Bei diesen Preisen wird mir schlecht

Aller Aafang es schwoer saat der Dejv än du klauet heä et Bleij
Aller Anfang ist schwer, sagte der Dieb und da stahl er Blei

Du hasß ene Kopp wie en Sëjh
Du hast einen Kopf wie ein Sieb, du behältst nichts

Wenn et nüedig es da kann mer ouch at ens a der Düvel Üehm sage
Wenn es nötig ist, dann kann man auch schon mal zum Teufel Onkel sagen, in einem Notfall darf man sich auch schon mal dem Feind beugen

Et sall net sieh, dat en jong Kroeh en au jet brengt
Es soll wohl nicht sein, dass eine junge Krähe einer alten Krähe etwas bringt. Die jungen Leute versorgen die Alten nicht

Weä va Lück könt onbeloege, än va Oche onbedroege, än va Düre onjespott, deä jeäht noh Kölle än loevt Jott
Wer von Lüttich kommt unbelogen und von Aachen unbetrogen und von Düren ohne Spott, der geht nach Köln und lobt Gott

Wenn de Urjrueßeldere opstönge da sättese loß os wier joeh, de Urenkele könne jeä je Öchesch mie Spreiche
Wenn die Urgroßeltern aufstehen würden, dann würden sie sagen, lasst uns wieder gehen, die Urenkel sprechen kein Öcher Platt mehr

Du salls dich ouch noch ens de Nas oploufe
Du wirst dir noch einmal die Nase auflaufen, du wirst noch einmal reinfallen

Da jevvste dich vör jeck op
Dann tust du so als wärst du dumm, als würdest du nicht merken, was man von dir will (wenn es etwas Unangenehmes ist)

Deä es van et Bett op et Strüeh komme
Der ist vom Bett auf das Stroh gekommen, er ist verarmt

Studier Latin da drenks de Wiin
Studiere Latein dann trinkst du Wein, z.B. Pastor werden

Met stüüte alleng jeäht et net
Mit angeben allein geht das nicht

Knuutsch ding Boks net esu
Zerknautsche deine Hose nicht so

Heä kann sing Knuvvele net bei sich haue
Er kann seine Finger nicht bei sich halten, er muss überall alles anfassen

Weä met kejjelt deä moß met opsetze
Wer mit kegelt, der muss mit aufsetzen (die Kegel) wer die Freude haben will, der muss auch mit arbeiten

Do kannsde net witt met sprenge
Da kannst du nicht weit mit springen, das ist zu wenig, um etwas zu erreichen

Wenn der Foß ejjene Honderstall woer, da weäd de Döör zou jemaaht
Wenn der Fuchs im Hühnerstall war, dann wird die Tür zu gemacht

E versprauche Peäd steäht noch lang net en der Stall
Ein versprochenes Pferd steht noch lange nicht im Stall

Weä met Pefferkoch opjewaaße es, döm schmaat et drüch Bruet net
Wer mit Pfefferkuchen aufgewachsen ist, dem schmeckt trockenes Brot nicht, wer Reichtum gewöhnt ist, der kann sich mit Armut nicht abfinden

Da krißde doch de Pëmpeljëch
Da bekommt man doch die Raserei, über etwas Unge-heuerliches

Wie dat Mäddche feil, du leiß et Posche än Pengste kicke
Als das Mädchen fiel, da ließ sie Ostern und Pfingsten sehen, das heißt, man sah das Höschen oder mehr

Deä jet sing Fennige uus vör Poppekroem
Der gibt sein Geld aus für Puppenkram, für wertloses, nutz-loses Zeug

Heä es en prüüßische Penziuen
Er ist in preußischer Pension, er sitzt im Gefängnis

Deä domme Drickes pomp et Wasser en ene Körv
Dieser dumme Mensch pumpt Wasser in einen Korb

Deä es en de Bonne än plöckt Eäze
Der ist in den Bohnen und pflückt Erbsen, er ist nicht bei sich er ist abwesend

Bilder- und Zeichnungen-Nachweis

Aachener Originale
Zeichnungen von Otto Mennicken

Corneliusbad MERIAN S. 56 nach Fotos von Ann Münchow, Aachen

Hausfassaden, Denkmäler, Brunnen etc.
alle Darstellungen sind Federzeichnungen von Theo Hansen für die ihm eine große Anerkennung und ein Dankeschön ausgesprochen werden soll.

Danke

Wenn man ein Buch schreibt, egal welcher Art, dann braucht man Hilfe.

Diese Hilfe konnte ich vielfach nutzen. Wer vor der Zeit bittet, der soll nach der Zeit das Danke nicht vergessen. Das möchte ich hiermit zum Ausdruck bringen.

Zuerst ein Dankeschön an unseren Herrn Oberbürgermeister Dr. Jürgen Linden, der durch seine Intervention den Weg bereitet hat.

Dann Herrn Helmut Falter, der mit vielen Tipps geholfen hat, die zum Druck und Verlagshaus Mainz führten, wo ich besonders Herrn Günter Mainz danke, der letztlich die Drucklegung ermöglichte.

Ein besonderer Dank für die Unterstützung gilt der Sparkasse Aachen, der Aachener Bank und dem Vorsitzenden des Vereins Öcher Platt, Richard Wollgarten.

Außerdem sage ich noch all den Personen Danke, die mich durch Beiträge oder Hinweise unterstützt haben.

Dat wor et !

Noch ene joue Vermaach

Im Verlag Mainz ist ebenfalls erschienen:

Dieter Körer
Weä der Nam hat, hat der Flam
Ein kleines Wörterbuch in Öcher Platt für Aachener und solche, die es werden wollen

ISBN 3-81070-019-3

€ 9,95

In Vorbereitung:

Dieter Körer
Owieh – Ujööh – Och härm
Ein kleines Wörterbuch, Redewendungen, Sprichwörter in Öcher Platt

€ 9,95